essentials

essentials liefern aktuelles Wissen in konzentrierter Form. Die Essenz dessen, worauf es als „State-of-the-Art" in der gegenwärtigen Fachdiskussion oder in der Praxis ankommt. *essentials* informieren schnell, unkompliziert und verständlich

- als Einführung in ein aktuelles Thema aus Ihrem Fachgebiet
- als Einstieg in ein für Sie noch unbekanntes Themenfeld
- als Einblick, um zum Thema mitreden zu können

Die Bücher in elektronischer und gedruckter Form bringen das Expertenwissen von Springer-Fachautoren kompakt zur Darstellung. Sie sind besonders für die Nutzung als eBook auf Tablet-PCs, eBook-Readern und Smartphones geeignet. *essentials:* Wissensbausteine aus den Wirtschafts-, Sozial- und Geisteswissenschaften, aus Technik und Naturwissenschaften sowie aus Medizin, Psychologie und Gesundheitsberufen. Von renommierten Autoren aller Springer-Verlagsmarken.

Weitere Bände in der Reihe http://www.springer.com/series/13088

Doris Brenner

Bewerberinterviews sicher und zielgerichtet führen

Ein praxisorientiertes Manual für
Führungskräfte, HR-Mitarbeiter und
Projektleiter

2. Auflage

Doris Brenner
Rödermark, Deutschland

ISSN 2197-6708   ISSN 2197-6716   (electronic)
essentials
ISBN 978-3-658-31087-5   ISBN 978-3-658-31088-2   (eBook)
https://doi.org/10.1007/978-3-658-31088-2

Die Deutsche Nationalbibliothek verzeichnet diese Publikation in der Deutschen Nationalbibliografie; detaillierte bibliografische Daten sind im Internet über http://dnb.d-nb.de abrufbar.

Planung: Stefanie Winter
Springer Gabler ist ein Imprint der eingetragenen Gesellschaft Springer Fachmedien Wiesbaden GmbH und ist ein Teil von Springer Nature.
Die Anschrift der Gesellschaft ist: Abraham-Lincoln-Str. 46, 65189 Wiesbaden, Germany

Was Sie in diesem *essential* finden können

- Konkrete Hilfestellungen, wie Sie sich auf Bewerberinterviews vorbereiten können
- Vorschläge für die Strukturierung des Interviews
- Gesprächs- und Fragetechniken
- Hinweise zu unzulässigen Fragen und den damit verbundenen Konsequenzen
- Hilfestellung für die Gesprächsauswertung und die Auswahlentscheidung
- Nutzung digitaler Medien für Bewerberinterviews

Inhaltsverzeichnis

Über die Autorin

Doris Brenner Wirtschaftswissenschaftlerin mit den Schwerpunkten Marketing und Human Resource Management. Fach- und Führungserfahrung in Linienfunktionen in der Industrie. Langjährige Tätigkeit im strategischen und operativen HR-Bereich, insbesondere auf den Gebieten Rekrutierung und Personalentwicklung.

USA-Aufenthalt mit Studium „Neue Trends in HR Development and Training" an der University of Maryland, Graduate School of Business and Technology. Zusammenarbeit mit amerikanischen Personalberatungs- und Trainingsunternehmen in Kundenprojekten. Seit über 20 Jahren als freie Beraterin mit den Schwerpunkten Personalentwicklung und Karriereberatung tätig. Zahlreiche Publikationen zu den Themen Rekrutierung, Assessment-Center und Berufsplanung und Personalentwicklung mit einer Gesamtauflage von über 600.000 Exemplaren sowie regelmäßige Beiträge in Fachzeitschriften und in den Medien.

www.karriereabc.de
Doris Brenner ist Initiatorin und Gründungsvorstand der DGfK Deutschen Gesellschaft für Karriereberatung e. V. www.dgfk.org.

Bewerberinterviews – warum Führungskräfte hier besonders gefordert sind

1

Personalentscheidungen gehören zu den anspruchsvollsten Aufgabenstellungen im Unternehmen. Der Unternehmenserfolg hängt in wesentlichem Umfang von den „Human Resources", den Mitarbeitern[1], ab. Die falschen Leute eingestellt und an den falschen Stellen im Unternehmen sitzen zu haben, bedeutet nicht nur, unnötige Personalkosten zu verursachen. Es schafft auch Unzufriedenheit und eine geringere Motivation der Betroffenen sowie Frustration bei deren Kollegen und Mitarbeitern, die mit „dem Neuen" nicht klar kommen oder keine Unterstützung spüren. Kurzum, die Performance, sprich die Leistungsfähigkeit, ganzer Bereiche und das Arbeitsklima können durch falsche Personalentscheidungen grundlegend verschlechtert werden.

Auch Ihr Erfolg als Führungskraft hängt in hohem Maße von Ihrer Fähigkeit ab, die richtigen Leute am richtigen Arbeitsplatz einzusetzen. Wenn es Ihnen gelingt, ein Team zu schmieden, welches sich gegenseitig weiterhilft und motiviert sowie ein großes Engagement an den Tag legt, welches im Unternehmen eine Beispielfunktion gewinnt, so wird dadurch nicht nur die Erreichung der gesteckten Ziele wahrscheinlicher. Vielmehr entsteht eine Sogwirkung, die gute Mitarbeiter im eigenen Bereich hält und darüber hinaus weitere Leistungsträger anzieht. Denn die Aussicht auf Erfolg ist das beste Argument für einsatzbereite und leistungsstarke Kandidaten.

---

[1]Wenn z. B. von Unternehmensvertreter, Mitarbeiter oder Bewerber gesprochen wird, wurde aus Vereinfachungsgründen darauf verzichtet, jeweils auch die weibliche Schreibform noch aufzuführen. Selbstverständlich werden mit diesem Leitfaden in gleicher Weise Menschen unterschiedlichen Geschlechts angesprochen.

© Springer Fachmedien Wiesbaden GmbH, ein Teil von Springer Nature 2020
D. Brenner, *Bewerberinterviews sicher und zielgerichtet führen*, essentials,
https://doi.org/10.1007/978-3-658-31088-2_1

Vor diesem Hintergrund sollten Sie mit viel Engagement den Auswahlprozess in partnerschaftlicher Zusammenarbeit mit dem HR-Bereich als wichtige
Führungsaufgabe wahrnehmen.

Dafür stehen Ihnen unterschiedliche Instrumente zur Verfügung: die Analyse der Bewerbungsunterlagen, Testverfahren, Assessment-Center u. a. Dem
Bewerberinterview kommt dabei eine ganz besondere Rolle zu, da hier der
Kandidat und Sie die Möglichkeit haben, sich im direkten Gespräch kennenzulernen und im Rahmen eines intensiven Informationsaustausches einen Eindruck
voneinander zu gewinnen. Leider werden die Chancen, die ein solches Gespräch
bieten kann, nicht immer in vollem Maße genutzt. Die Wahrscheinlichkeit,
durch das Interview eine solide Entscheidungsbasis zu erhalten, kann durch eine
professionelle Planung und Durchführung des Interviews deutlich erhöht werden.

Ziel dieser Publikation ist es, Ihnen als Führungskraft nützliche Tipps und
Werkzeuge für Bewerberinterviews an die Hand zu geben. Wir wünschen Ihnen
viel Spaß bei der Lektüre und hoffentlich viele positive Erfahrungen in Bewerberinterviews.

Verlag und Autorin

Warum Bewerberinterviews so wichtig sind 2

Das Bewerberinterview ist in der Regel nur ein Element, wenn auch in den meisten Fällen der wichtigste Baustein, innerhalb des Rekrutierungsprozesses. Ziel des Bewerberinterviews ist es, eine solide Informationsbasis zu erhalten, um das Risiko der Personalentscheidung zu reduzieren. Diese Publikation liefert geeignete Techniken hierzu.

In einem agilen Auswahlprozess, bei dem immer wieder mithilfe geeigneter Techniken ein Abgleich mit den Anforderungen der Stelle erfolgt, dienen die nachfolgenden Element dazu, die Passung der Kandidaten zu überprüfen. (Abb. 2.1.)

Die **Sichtung der Bewerbungsunterlagen** ermöglicht einen ersten Eindruck und damit eine Vorselektion. Im Vordergrund stehen die Basisqualifikationen des Kandidaten in Bezug auf die zu besetzende Stelle, insbesondere die Fachkompetenz und die einschlägigen Erfahrungen.

Mittels **Testverfahren** können angegebene Fähigkeiten und Eigenschaften überprüft und die Testergebnisse mit anderen Kandidaten verglichen werden. Im Mittelpunkt stehen hier Kenntnisse im Bereich der Fach- und Methodenkompetenz sowie die Persönlichkeitsstruktur.

Im **Assessment Center** wird Verhalten in konkreten Situationen, die der Arbeitsrealität nachempfunden werden, beobachtet und bewertet. Hier kann der Kandidat direkt zeigen, was er kann und wie er sich in einem sozialen Kontext tatsächlich verhält. Da Assessment Center in ihrer Durchführung in der Regel sehr aufwendig sind, werden sie nur in begrenzten Fällen eingesetzt.

Das **Bewerberinterview** bietet die Möglichkeit, wesentlich intensiver auf die Kenntnisse und Fähigkeiten einzugehen und vom Bewerber gemachte Angaben näher zu beleuchten. Darüber hinaus kommt der Aspekt der persönlichkeitsbezogenen Informationen (Auftreten, Ausstrahlung, Erscheinung, Haltung) aufgrund

© Springer Fachmedien Wiesbaden GmbH, ein Teil von Springer Nature 2020
D. Brenner, *Bewerberinterviews sicher und zielgerichtet führen*, essentials,
https://doi.org/10.1007/978-3-658-31088-2_2

Abb. 2.1 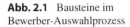 Bausteine im
Bewerber-Auswahlprozess

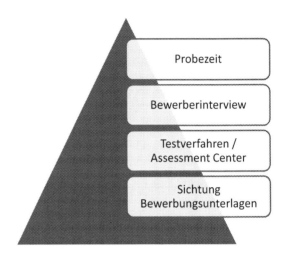

des direkten Gesprächskontaktes zusätzlich ins Spiel wie auch Verhaltensweisen und Einstellungen im Bereich der sozialen Kompetenz.

Schließlich bringt die **Probezeit,** in der der neue Mitarbeiter in der realen Arbeitsumgebung tätig wird, Informationen darüber, ob die Auswahlentscheidung richtig war. Zu einem erfolgreichen Onboarding gehört dabei auch, ob der Mitarbeiter neben seiner fachlichen Qualifikation, „dem Können", auch die notwendige Leistungsbereitschaft, „das Wollen", mitbringt und ob er sich auch in das Team und das Unternehmen integrieren kann.[1]

Wird erst während der Probezeit festgestellt, dass der Mitarbeiter nicht passt, entstehen nicht nur weitere Kosten, wenn eine Neubesetzung erfolgen muss. Eine Fehlbesetzung fällt immer auch negativ auf die Führungskraft zurück, da diese eine ihrer Kernaufgaben, die richtigen Leute ins Team zu holen, nicht erfüllt hat.

Deshalb sollte versucht werden, im Rahmen des Bewerberinterviews eine solide Informationsbasis zu gewinnen, die neben dem Faktor „Wissen" auch die Aspekte „Können" „Haltung" und „Wollen" mit in die Bewertung einbezieht. Im weiteren Verlauf dieses *essentials* werden wir im Einzelnen darauf eingehen, wie sich der Aussagewert des Bewerberinterviews steigern lässt, um eine hohe Verlässlichkeit der Einstellentscheidung zu erzielen.

---

[1]Siehe hierzu unsere Publikation: Onboarding – Als Führungskraft neue Mitarbeiter erfolgreich einarbeiten und integrieren, Wiesbaden: Springer Gabler 2020.

Ziel von Bewerberinterviews

3

Das Interviewen von Bewerbern hat zum Ziel, möglichst vielfältige Informationen über die Qualifikation und das Potenzial von Bewerbern zu sammeln, um auf dieser Grundlage eine fundierte Auswahlentscheidung für oder gegen den Kandidaten treffen zu können. Um dies auch sicherzustellen, müssen im Rahmen des Interviews möglichst viele Informationen über die jeweiligen Kandidaten gesammelt werden. Damit die gewonnenen Daten aber den benötigten Informationen entsprechen, bedarf es im Vorfeld des Interviews einer intensiven Auseinandersetzung mit den Anforderungen der zu besetzenden Stelle.

Da es sich bei dem Interview nicht um eine einseitige Befragungsaktion durch das Unternehmen, sondern um ein partnerschaftliches Gespräch handeln sollte, das für beide Seiten eine solide Entscheidungsgrundlage darstellt, gilt es, sich zunächst über die unterschiedlichen Ziele der Beteiligten im Rahmen des Interviews bewusst zu werden. Dabei ist insbesondere auch für Sie als Unternehmensvertreter von Bedeutung, sich mit den Zielen Ihres Gesprächspartners und potenziellen Mitarbeiters vertraut zu machen.

Ziele des Bewerbers

- Kennenlernen der Gesprächspartner (potenzieller Fachvorgesetzter, Vertreter des Personalbereiches, gerne auch potenzielle Kollegen)
- Informationen über das Unternehmen, seine Ziele und seine Werte
- Konkrete Informationen über die Anforderungen der zu besetzenden Stelle
- Darstellung des Arbeitsumfeldes (Kollegen, wichtige Ansprechpartner) und Einblick in die Abteilungsstruktur (Besichtigung des Arbeitsplatzes)
- Möglichkeit zur Präsentation der eigenen Fähigkeiten

© Springer Fachmedien Wiesbaden GmbH, ein Teil von Springer Nature 2020
D. Brenner, *Bewerberinterviews sicher und zielgerichtet führen*, essentials,
https://doi.org/10.1007/978-3-658-31088-2_3

- Schilderung der eigenen Erwartungen im Hinblick auf die Stelle sowie die Zusammenarbeit mit Vorgesetzten, Kollegen und internen wie externen Kunden
- Einarbeitung und Entwicklungsmöglichkeiten im Unternehmen
- Beantwortung eigener offener Fragen
- Informationen zu Gehaltsstruktur, Sozialleistungen und Weiterbildungsmöglichkeiten im Unternehmen
- Schaffung einer Entscheidungsgrundlage für die eigene Auswahlentscheidung im Vergleich zu möglichen Vertragsangeboten anderer Unternehmen

Ziele der Unternehmensvertreter
- Kennenlernen des Bewerbers und dessen Motivation für die Bewerbung
- Überprüfen der im Lebenslauf angegebenen Informationen wie auch der fachlichen und überfachlichen Qualifikation
- Ermittlung des Kenntnisstandes des Bewerbers in Bezug auf das eigene Unternehmen, die Produktpalette, den Markt, die zu besetzende Stelle
- Abgleich der Stellenanforderungen mit dem Qualifikationsprofil des Bewerbers
- Schaffen einer Entscheidungsgrundlage für die endgültige Bewerberauswahl auch im Vergleich zu anderen Kandidaten
- Gewinnung von Informationen über das Kandidatenpotenzial im Hinblick auf die mögliche zukünftige Übernahme weiterführender Aufgaben im Unternehmen
- Darstellung des Unternehmens, der Ziele des Unternehmens, der Unternehmensphilosophie und -struktur, der Produkte und Märkte
- Präsentation des Unternehmens als attraktiver Arbeitgeber unter Nennung der spezifischen Vorzüge und Assets (Employer Branding)

Diesen Übersichten können Sie entnehmen, dass sowohl seitens des Bewerbers als auch aus Ihrer Sicht das Bedürfnis besteht, zum einen Informationen zu erhalten, aber gleichzeitig auch die Möglichkeit zu haben, sich selbst bzw. das Unternehmen darzustellen. Das Interesse des Bewerbers für diese unternehmensseitigen Informationen und Erläuterungen ist bereits ein wichtiges Indiz für dessen Motivation in Bezug auf eine mögliche Mitarbeit. Da in vielen

Bereichen eine deutliche Verschiebung von Angebot und Nachfrage auf dem Arbeitsmarkt zu verzeichnen ist, Stichwort Fachkräftemangel, gilt es, das Bewerberinterview auch dazu zu nutzen, gute Kandidaten für das eigene Unternehmen zu begeistern. Damit kommt Ihnen als Führungskraft eine wichtige Rolle auch im Rahmen des Personalmarketings zu.

Vorbereitungen im Vorfeld

4

Die Qualität des Gespräches wird in hohem Maße durch eine professionelle Vorbereitung bestimmt. Da die zur Verfügung stehende Zeit im Rahmen des Interviews in der Regel begrenzt ist, sollte ein klares Anforderungsprofil der Stelle vorliegen und das Gespräch organisatorisch wie inhaltlich gut geplant sein. Ihre persönliche Vorbereitung auf das Gespräch und das Bewusstsein, dass Sie eine wichtige Rolle als Repräsentant des Unternehmens einnehmen, ist ebenfalls von Bedeutung.

Im Rahmen der Vorbereitung sollten im Vorfeld des Gespräches die folgenden Punkte festgelegt sein:

- Welche Anforderungskriterien sind von zentraler Bedeutung?
- Wo bestehen bei den einzelnen Kandidaten Unklarheiten in den vorliegenden Bewerbungsunterlagen, die hinterfragt werden sollen?
- Wie soll die Aufgabenteilung im Zusammenspiel mehrerer Unternehmensvertreter (Fachbereich – HR-Bereich) im Gespräch erfolgen?
- Wie ist die weitere Vorgehensweise im Prozess geplant und wie soll dies gegenüber dem Kandidaten kommuniziert werden?

4.1 Anforderungsprofil der Stelle festlegen

Zentraler Ausgangspunkt für jegliche Personalauswahlentscheidung ist das Anforderungsprofil der zu besetzenden Stelle. Hier sollte festgelegt sein, welche Qualifikationen für eine erfolgreiche Aufgabenbewältigung notwendig sind. Sinnvollerweise wird dabei unter Muss-Anforderungen und Kann-Anforderungen unterschieden. Letztere sind zwar wünschenswert, stellen jedoch kein k.o.-Kriterium dar, sollte ein Kandidat diese nicht erfüllen.

© Springer Fachmedien Wiesbaden GmbH, ein Teil von Springer Nature 2020
D. Brenner, *Bewerberinterviews sicher und zielgerichtet führen*, essentials,
https://doi.org/10.1007/978-3-658-31088-2_4

Für die Formulierung des Anforderungsprofils empfiehlt sich eine Einteilung in:

- Fachliche Kompetenzen (z. B. Ausbildungs- und Studienabschlüsse, Kurse, Berufserfahrung, Kenntnisse und Fertigkeiten wie z. B. spezifische Programmierkenntnisse)
- Methodische Kompetenzen (z. B. agile Projektmanagementtools [Scrum], Moderationstechniken, gutes Termin-[Zeit-]Management)
- Soziale Kompetenz (z. B. Teamfähigkeit, Kompromissbereitschaft, Durchsetzungsvermögen)
- Persönliche Kompetenzen und Werte (z. B. ausgeprägte Kundenorientierung, Zielstrebigkeit, Einsatzbereitschaft, Zuverlässigkeit, sicheres Auftreten)

Im Zusammenhang mit dem Anforderungsprofil sollten auch zu der gehaltlichen Einstufung der Stelle und dem finanziellen Spielraum, der je nach Qualifikation besteht, Aussagen getroffen werden.

▶ **Tipp** Je exakter das Anforderungsprofil der Stelle beschrieben wird, umso gezielter kann die Kandidatenansprache über Anzeigen, Direktansprache (Active Sourcing) oder unter Einbeziehung von Personalberatern und -dienstleistern erfolgen. Ferner lässt sich im Rahmen der Bewerberauswahl die Passgenauigkeit eines Bewerbers damit umso genauer feststellen. Überlegen Sie sehr gut, welche Anforderungen Sie als Muss-Kriterien definieren. Oft besteht die Gefahr, aufgrund zu vieler formaler Kriterien Kandidaten von vornehrein auszuschließen, die ansonsten geeignet wären und sich in kurzer Zeit die fehlenden Kenntnisse aneignen könnten.

Die Praxis zeigt, dass viele Anforderungsprofile vergangenheitsbezogen sind, d. h. die Anforderungen der Stelle beziehen sich darauf, wie die Stelle bisher ausgerichtet war. Daher sollte bei der Erstellung des Anforderungsprofils sehr intensiv darüber nachgedacht werden, wie die Fokussierung der Stelle in der Zukunft sein soll und welche Kriterien dafür erfolgskritisch sind. Die Beschäftigung mit der strategischen Ausrichtung des Unternehmens in der Zukunft und Gespräche mit internen und externen Kunden können hier wichtige Anhaltspunkte liefern. Es macht auch Sinn, die direkten Kollegen in den Prozess mit einzubeziehen, da im Zuge der (Neu-)Besetzung der Stelle auch eine mögliche Umverteilung von Aufgaben sinnvoll sein kann. Gleichzeitig können die Kollegen wichtige Hinweise liefern, welche Fähigkeiten und Kenntnisse aus ihrer praktischen Arbeitserfahrung heraus besonders relevant sind.

4.2   Kandidaten für Bewerberinterviews auswählen und einladen

Aus der Gesamtzahl der Bewerber ist zunächst eine Vorauswahl zu treffen. Hier spielt neben der rein inhaltlichen Beurteilung der Qualifikation häufig auch die Gestaltung der Bewerbungsunterlagen (Übersichtlichkeit, Argumentation im Anschreiben) eine wichtige Rolle. Die Kandidatenauswahl soll durch rationale und für andere nachvollziehbare Argumente belegt sein. Zahlreiche Unternehmen setzen eine weitere Auswahlstufe zwischen die Sichtung der Bewerbungsunterlagen und dem Vorstellungsgespräch. Neben den in Kap. 2 bereits genannten Testverfahren und Assessment Centern können auch Telefoninterviews bzw. zeitversetzte Videointerviews eine Vorstufe zum Bewerberinterview darstellen (siehe hierzu Kap. 5 Interviewformen).

Welche Kandidaten zum Bewerberinterview eingeladen werden, wird meist zwischen dem Fachbereich und dem HR-Bereich abgestimmt. Es empfiehlt sich, zunächst nicht mehr als fünf Kandidaten zu Bewerbergesprächen einzuladen, um möglichst Ressourcen sparend vorzugehen. Sollte sich nach diesen Gesprächen herausstellen, dass keiner der Kandidaten Ihren Erwartungen wirklich entspricht, besteht immer noch die Möglichkeit, weitere Bewerber einzuladen.

▶ **Tipp** Personalentscheidungen sind auch immer „Bauchentscheidungen" und so sollten Sie durchaus auch dazu stehen, einen Kandidaten für ein Bewerberinterview zu berücksichtigen, der auf den ersten Blick vielleicht nicht in allen Punkten dem gestellten Anforderungsprofil entspricht, der aber aufgrund seiner Gesamtpräsentation bei Ihnen den Eindruck erweckt, aufgrund seines Potenzials der Aufgabe in kurzer Zeit gewachsen zu sein.

In der Regel wird der HR-Bereich die Aufgabe übernehmen, Gesprächstermine zu koordinieren und die Kandidaten einzuladen.

4.3   Gesprächsplanung

Im Vorfeld des Gespräches empfiehlt es sich, eine genaue Planung des Ablaufs vorzunehmen. Dies hilft, die eigenen Ziele, die Sie mit dem Gespräch verfolgen, zu fokussieren und einen professionellen Gesprächsverlauf sicherzustellen.

Checkliste Gesprächsplanung
Organisatorische Aspekte

- Wer wird vonseiten des Unternehmens an dem Gespräch teilnehmen?
- Wo wird das Gespräch stattfinden?
- Wer kümmert sich um die Raumreservierung, Getränkebestellung, Abholung des Bewerbers im Foyer?
- Wer stellt Unterlagen (Organigramm/Stellenbeschreibung/Firmenbroschüren) für das Gespräch zusammen bzw. gibt es elektronische Tools, wie Videos oder Präsentationen im Intranet, die verwendet werden können?
- Gibt es ein gemeinsames oder zwei getrennte Gespräche mit Fach- und HR-Bereich?
- Wird die Auswahlentscheidung auf der Grundlage eines Gesprächstermins erfolgen oder ist eine zweite Auswahlrunde vorgesehen, bei der nur der engste Kreis der Kandidaten nochmals eingeladen wird?
- Ist vorgesehen, dass die Bewerber den Arbeitsplatz besichtigen und mit den zukünftigen Kollegen sprechen können?

Inhaltliche Aspekte

- Welche Kriterien werden von Fach-/HR-Bereich hinterfragt?
- Wie sieht die Abstimmung zwischen Fach-/HR-Bereich über den Gesprächsablauf und die jeweiligen Gesprächsschwerpunkte aus?
- Wer macht Aussagen zu Gehalt und Nebenleistungen?
- Gibt es einen abgestimmten Auswertebogen für das Interview?

▷ **Tipp** Sie sollten sich in jedem Fall im Rahmen der Vorbereitung des Gesprächs die Bewerbungsunterlagen der zum Gespräch eingeladenen Kandidaten unter den folgenden Fragestellungen nochmals sehr gründlich durchsehen.

- Sind die Angaben im Lebenslauf lückenlos?
- Wo sind Unstimmigkeiten in der Argumentation?
- Welche Angaben zu entscheidungsrelevanten Kriterien fehlen (Gehaltsvorstellung, frühester Eintrittstermin, Qualität der geforderten Fremdsprachenkenntnisse…)?

- Wo sind Schwächen/Defizite zu vermuten, die im Gespräch hinterfragt werden müssen?
- Fehlen Zeugnisse und Belege?

4.4 Ihre persönliche Vorbereitung

Zur persönlichen Vorbereitung zählt in jedem Fall das Stellenprofil und die Unterlagen der Bewerber im Vorfeld nochmals durchzusehen. Auch die mentale Einstellung auf die Gespräche stellt ein wichtiges Element dar.

> **Tipp** Als Interviewer repräsentieren Sie für den Kandidaten das Unternehmen. Ihr Verhalten im Bewerberinterview wird sein Unternehmensbild prägen. Dies bedeutet auch, dass Ihre eigene Motivation und Begeisterung, wie Sie Ihre Arbeit und Ihr Arbeitsumfeld beschreiben, dem Bewerber vermitteln, ob die häufig in Hochglanzbroschüren niedergelegte Unternehmenskultur und die Werte auch tatsächlich gelebt werden. Wenn man spürt, dass Sie gerne in dem Unternehmen arbeiten, wird dies den Kandidaten mehr überzeugen, als noch so edel aufbereitete schriftliche Unterlagen. Gewinnt ein Kandidat dagegen den Eindruck, dass der Umgangston der Firmenvertreter untereinander eher unfreundlich ist und die agierenden Personen wenig eigene Identifikation und Begeisterung für das Unternehmen erkennen lassen, sind dies wichtige Signale, die – häufig unbewusst – dem Kandidaten gesendet werden. Seien Sie sich deshalb Ihrer persönlichen Verantwortung bewusst.

Das Bild, das der Bewerber vom Unternehmen erhält, wird ferner durch Kriterien wie die Reaktionsgeschwindigkeit auf die eingegangene Bewerbung und die Offenheit im Gespräch geprägt. Eine besondere Bedeutung kommt Ihrer Haltung gegenüber dem Bewerber zu, ob dieser sich als Gesprächspartner auf Augenhöhe vorkommt oder sich wie in einem Verhör fühlt. Dies alles sind Eindrücke, die für den Bewerber entscheidungsrelevante Kriterien darstellen. Nicht selten haben gerade bei Spitzenkandidaten, die bei der Auswahl seitens des Unternehmens auf Platz 1 standen, solche Gründe zur Ablehnung eines Vertragsangebotes geführt.

Interviewformen 5

Die klassische Variante eines Bewerberinterviews stellt nach wie vor das persönliche Gespräch vor Ort dar. Zwischeneitlich haben sich jedoch auch unterschiedliche Formen und Settings etabliert. Diese stellen häufig eine Vorauswahlstufe zu einem persönlichen Interview dar.

5.1 Persönliches Interview

Wenn von Bewerberinterviews die Rede ist, wird darunter in der Regel ein persönliches Interview verstanden, bei dem Bewerber und Interviewer vor Ort die Möglichkeit haben, sich kennenzulernen und auszutauschen. Der große Vorteil des persönlichen Interviews besteht darin, dass neben den fachlich inhaltlichen Aspekten auch persönlichkeitsbezogene Kriterien sehr gut überprüft werden können. Da die Wirkung eines Menschen zu rund 90 % nicht über das, was er sagt, sondern über die Stimme und insbesondere die Körpersprache erzeugt wird, kommt der nonverbalen Kommunikation eine hohe Bedeutung bei. Blickkontakt, Mimik, Gestik, Körperhaltung, Geruch und nicht zuletzt auch haptische Eindrücke wie ein Händedruck prägen das gegenseitige Bild, das Unternehmensvertreter und Kandidaten voneinander gewinnen.

Diese Eindrücke sind beim persönlichen Interview direkt sichtbar und werden nicht durch Medien teilweise eingeschränkt oder verfälscht. So stellen persönliche Interviews die überwiegende Grundlage für eine finale Einstellentscheidung dar.

© Springer Fachmedien Wiesbaden GmbH, ein Teil von Springer Nature 2020
D. Brenner, *Bewerberinterviews sicher und zielgerichtet führen*, essentials,
https://doi.org/10.1007/978-3-658-31088-2_5

5.2 Telefoninterview

Telefoninterviews werden vorwiegend als Vorauswahlinstrument eingesetzt. Sie ermöglichen mit einem sehr überschaubaren Aufwand an Zeit und Ressourcen weitreichende Informationen und Erkenntnisse. Abb. 5.1 zeigt die wesentlichen Aspekte, wozu Telefoninterviews eingesetzt werden können.

Häufig beinhalten Bewerbungsunterlagen Unstimmigkeiten oder lassen Fragen offen. Im Telefoninterview können diese aufgegriffen werden. Sollten einzelne Aspekte k.o.-Kriterien darstellen, so kann ein zeitaufwendiges, persönliches Interview für beide Seiten vermieden werden. Über das Telefoninterview lassen sich auch zusätzliche Informationen, wie z. B. Gehaltsvorstellungen oder die Reisebereitschaft, direkt klären. Gegenüber Bewerbungsunterlagen bietet das Telefoninterview auch einen ersten Eindruck über die Persönlichkeit, das Ausdrucksvermögen und das Argumentationsverhalten eines Kandidaten,

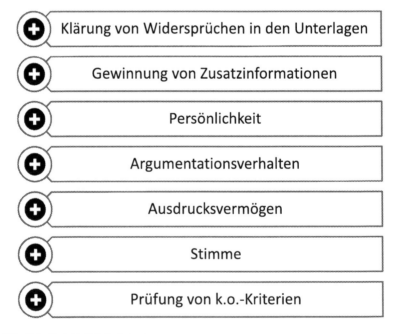

Abb. 5.1 Vorteile Telefoninterviews

da ein direkter live-Dialog erfolgt. Auch die Art, wie ein Kandidat spricht, und seine Stimme sind Zusatzinformationen, die das Kandidatenbild weiter ergänzen können.

Über Telefoninterviews werden keine visuellen Eindrücke vermittelt, gleichwohl können über die Sprechweise Emotionen übertragen werden. Gerade für Tätigkeiten, bei denen ein häufiger Telefonkontakt notwendig ist, stellt das Telefoninterview hier zusätzliche Informationen bereit. Gelingt es dem Kandidaten, „mit der Stimme zu lächeln", wie es z. B. bei Call-Center-Mitarbeitern besonders wichtig ist?

Bei Telefoninterviews sollten ironische oder humorvolle Bemerkungen vermieden werden, da diese in der Regel nur mittels visueller Zusatzinformationen (Lächeln, Augenzwinkern ...) als solche erkennbar sind.

5.3 Videointerview

Das Videointerview kommt dem klassischen Interview schon sehr nahe, da es auch visuelle Eindrücke wie Mimik und Gestik vermittelt. Diese sind jedoch durch das Medium „Kamera mit Datenübertragung" teilweise eingeschränkt bzw. können auch verfälscht sein. Dennoch kann über das Videointerview ein Gesamteindruck der Wirkung eines Kandidaten vermittelt werden. Alle bereits genannten Aspekte, wie sie bereits unter Abschn. 5.2 beim Telefoninterview aufgeführt wurden, können auch auf das Videointerview übertragen werden.

Mittlerweile gibt es eine Reihe von technisch soliden Lösungen, wie z. B. Zoom, Skype, Wire oder Google Meet, die als technische Plattformen genutzt werden können. Dennoch sollte die Technik vor jedem Videointerview geprüft werden.

Unter dem Aspekt des Datenschutzes (DSGVO) sollte die Einwilligung des Kandidaten für die Durchführung bzw. Speicherung eines Videointerviews im Vorfeld eingeholt werden.

5.4 Zeitversetztes Videointerview

Bei einem Videointerview mit Aufzeichnung von Bild und Ton handelt es sich in der Regel um ein zeitversetztes, automatisiert geführtes Interview, bei dem der Bewerber Fragen eingeblendet bekommt, die er ohne Beteiligung einer weiteren Person beantworten muss, und seine Antworten aufgezeichnet werden. Nachträgliche Korrekturen oder Wiederholungen von Fragen sind dabei in der Regel

nicht möglich. Dieses Setting entspricht nicht wirklich einer klassischen Inter-
viewsituation, da keine Interaktion zwischen Interviewer und Kandidat erfolgt.
Der Vorteil dieses Tools liegt vor allem in der zeitlichen Unabhängigkeit von
Interviewer und Kandidat. Ferner kann die Aufzeichnung von weiteren am Auswahlprozess beteiligten Personen ebenfalls zeitunabhängig angesehen werden.
Derartige Interviews werden oft, nach positiver Sichtung der Bewerbungsunterlagen, als nächster Schritt im Bewerbungsverfahren eingesetzt, um einen Eindruck von dem Bewerber zu erhalten.

Nicht zulässig ist es, z. B. aufgezeichnete Videointerviews unter dem Aspekt
der Profilerstellung anschließend einer Sprachanalyse zu unterziehen. Dies
würde bedeuten, dass durch Sprachanalyse aus dem Gesprächsverhalten eines
Bewerbers mithilfe einer entsprechenden Software Erkenntnisse über dessen
Persönlichkeitsmerkmale ermittelt werden. Anhand der Sprechweise – wie der
Satzlänge, der Wortwahl, Pausen oder der Lautstärke – können individuelle
Ergebnisse des einzelnen Bewerbers festgehalten werden. Werden diese
anschließend mit Referenzdatensätzen verglichen, erhält man eine Wahrschein-
lichkeitsaussage über das jeweilige Persönlichkeitsprofil des Bewerbers (z. B.
dahin gehend, wie ausgeglichen oder teamfähig die Person ist).

Interviewstrukturen

6

Jede Führungskraft hat aufgrund persönlicher Präferenzen und Erfahrungswerte einen unterschiedlichen Ansatz, wie sie ein Bewerberinterview führt. Das ist auch gut so, denn auch in der späteren Zusammenarbeit wird der persönliche Stil entscheidenden Einfluss auf die Form der Zusammenarbeit haben. Ferner sollten Sie durch Ihr Verhalten auch authentisch wirken und nicht den Eindruck vermitteln, dass Sie nicht hinter dem stehen, was Sie vermitteln und wie Sie das tun.

Dennoch gibt es in den meisten Unternehmen auf der Grundlage der Führungsphilosophie bestimmte Leitbilder, die das Verhalten der Führungskräfte und den Umgang miteinander zum Inhalt haben. Diese Mischung aus persönlichem Stil und firmenseitigem Leitbild bildet auch die Grundlage für das Bewerberinterview.

Formal lassen sich im Wesentlichen drei Interviewformen unterscheiden.

- Strukturiertes Interview
- Halbstrukturiertes Interview
- Offenes Interview

6.1 Strukturiertes Interview

Beim strukturierten Interview wird im Vorfeld ein fest umrissener Interviewleitfaden erstellt, der genaue Fragen und Zeitraster zum Inhalt hat. Die Vorgehensweise und die Reihenfolge der Fragen sind exakt definiert und für alle Kandidaten gleich.

© Springer Fachmedien Wiesbaden GmbH, ein Teil von Springer Nature 2020
D. Brenner, *Bewerberinterviews sicher und zielgerichtet führen*, essentials,
https://doi.org/10.1007/978-3-658-31088-2_6

Vorteile

- Alle Bewerber haben genau die gleichen Fragen und damit eine identische Ausgangsbasis.
- Bei der Gesprächsauswertung liegen von allen Kandidaten Antworten zu den gleichen Fragen vor.
- Es wird sichergestellt, dass alle wichtigen Themen und Fragen angesprochen werden.
- Der Fragenkatalog kann als Orientierungsleitfaden für die Gesprächsführung dienen, was gerade für Interviewer mit wenig Erfahrung eine Erleichterung darstellt.

Nachteile

- Das Interview verläuft in sehr starren Bahnen und lässt keinen Freiraum für eine individuelle Vorgehensweise.
- Auf spezifische Eigenschaften einzelner Kandidaten kann nicht vertiefend eingegangen werden.
- Der Auswahlprozess bei der Gesprächsauswertung verläuft sehr schematisch und unpersönlich.

Fazit

Strukturierte Interviews anhand fester Gesprächsleitfäden sind für Führungskräfte mit wenig Interviewerfahrung eine Hilfestellung. Wenn Sie Ihre ersten Einstellgespräche führen, werden Sie sich mit einem Interviewleitfaden sicherlich wohler fühlen, da Sie nicht Gefahr laufen, wichtige Fragenstellungen zu vergessen. Mit zunehmender Erfahrung und Routine stellt das enge Korsett für viele Interviewer eher eine Einschränkung dar, da sie wichtige Ansatzpunkte, die ein Bewerber von sich heraus bietet, nicht gezielt weiterverfolgen können. ◄

Fragenkatalog strukturierter Interviewleitfaden
Nachfolgend finden Sie einen Katalog von Beispielfragen. Dieser soll Ihnen als Grundlage dienen, um je nach Position einen strukturierten Interviewleitfaden zusammenstellen zu können.

Biografische Fragen

- Schildern Sie uns bitte Ihren beruflichen Werdegang in den für die Stelle relevanten Punkten!
- Was waren die Motive für Ihre Berufswahl? Schildern Sie bitte Ihre Überlegungen in der Situation, als Sie sich für Ihren heutigen Beruf entschieden haben.
- Wie zufrieden sind Sie heute mit Ihrer Wahl? Was würden Sie heute anders machen? Was waren die Beweggründe für Ihren Wechsel von der Stelle x auf die Stelle y?
- Worin sehen Sie den Hauptgrund für Ihr bisheriges berufliches Vorwärtskommen?
- Welche Fremdsprachenkenntnisse besitzen Sie? Wie steht es um Ihre IT-Kenntnisse? Über welche methodischen Kenntnisse verfügen Sie?
- Wo lagen bislang Ihre Aufgabenschwerpunkte?
- Welche Funktion übten Sie zuletzt aus?
- Konnten Sie Spezialwissen erwerben?
- Wurden Ihnen bestimmte Vollmachten übertragen?
- Was waren die größten Herausforderungen, die Sie in Ihrer derzeitigen Position gemeistert haben?
- Wie sieht gegenwärtig ein(e) typischer Arbeitstag/-woche bei Ihnen aus?
- Mussten Sie besondere Herausforderungen meistern (z. B. Sonderaufgaben, „Aufbauarbeit", Projektarbeit)?
- Was war Ihr bislang größter beruflicher Erfolg?
- Mit welchen Rückschlägen mussten Sie fertig werden?
- Wo sehen Sie die Plus- und Minus-Punkte Ihrer letzten (jetzigen) Stelle?
- Worauf sind Sie besonders stolz?
- Aus Ihrer Vita geht nicht hervor, was Sie im Zeitraum xyz gemacht haben. Können Sie uns hierzu noch Informationen geben?
- Haben Sie in Ihrer derzeitigen Funktion Mitarbeiterverantwortung?
- Was sind die Gründe, dass Sie eine neue berufliche Position anstreben?

Stellenbezogene Fragen

- Aus welchen Gründen haben Sie sich gerade für diese Stelle beworben?
- Was hat Ihr Interesse für unser Unternehmen geweckt?
- Was für eine Vorstellung haben Sie von der Position, um die Sie sich beworben haben?
- Mit wie viel Einarbeitungszeit rechnen Sie?
- Bei welcher Aufgabe rechnen Sie mit dem größten Einarbeitungsbedarf für sich?
- Bei welcher Aufgabe sehen Sie die größten Schwierigkeiten auf sich zukommen?
- Welche Kriterien entscheiden Ihrer Meinung nach über Erfolg und Misserfolg bei der Stelle?
- Was sind Antriebskräfte/Rahmenbedingungen, die sich auf Ihre Arbeit bei dieser Position positiv auswirken (könnten)? Wodurch können Sie motiviert werden?
- An welchen Kriterien messen Sie die Attraktivität eines Arbeitsplatzes?
- Welche der geschilderten Aufgaben erledigen Sie bereits heute in Ihrer derzeitigen Position?
- Wie wird/sollte sich die Stelle in den nächsten Jahren entwickeln?
- Welche Ziele/Prioritäten würden Sie sich innerhalb des nächsten Jahres setzen, wenn Sie der zukünftige Stelleninhaber wären?
- Welche Möglichkeiten sehen Sie für sich, um ein eventuell erhöhtes Arbeitsaufkommen zu bewältigen?
- Wie sehen Sie Ihre mögliche zukünftige Abteilung im Unternehmen eingebunden?
- Worauf achten Sie, wenn Sie strategisch unternehmenspolitisch agieren? In welchen Fragen haben Sie „Fingerspitzengefühl" gezeigt?

Zusammenarbeit mit Kollegen

- Was ist Ihnen bei der Zusammenarbeit mit Kollegen wichtig?
- Welche Eigenschaften besaß der Kollege, mit dem Sie bislang am besten/schlechtesten ausgekommen sind?
- Über welche Verhaltensweisen/Angewohnheiten von Kollegen können Sie sich besonders ärgern?
- Mit welchen Fragen und Problemen kommen Kollegen zu Ihnen?

Zusammenarbeit mit Vorgesetzten

- Wie kann Sie Ihr Vorgesetzter am besten unterstützen, damit Sie auf der möglichen zukünftigen Position erfolgreich sind?
- Mit welchen Fragen, die Sie nicht entscheiden können/wollen, gehen Sie zu Ihrem Vorgesetzten?
- Sie haben in einer wichtigen Sache eine Fehlentscheidung getroffen. In welcher Form sollte aus Ihrer Sicht der Vorgesetzte informiert werden?
- Waren Sie schon einmal anderer Meinung als Ihr Vorgesetzter? Was haben Sie unternommen, um den Konflikt beizulegen?
- Haben Sie Ihrem Vorgesetzten schon einmal gute Vorschläge gemacht, auf die er nicht einging? Nennen Sie Ihre „beste Idee"! Was haben Sie daraufhin unternommen?
- Wie gehen Sie vor, um zu Ihrem Vorgesetzten ein Vertrauensverhältnis aufzubauen?
- Welcher Vorgesetzten-Typ entspricht eher Ihren Vorstellungen: Vorgesetzter mit wenig oder mit viel Freiraum für Mitarbeiter?
- Welche Eigenschaften besaß Ihr bislang bester/schlechtester Vorgesetzter?

Zusammenarbeit mit Kunden

- Was bedeutet für Sie Kundenorientierung bezogen auf die Position, über die wir uns unterhalten?
- Wie gehen Sie vor, um ein Vertrauensverhältnis zu einem Kunden (intern/extern) aufzubauen?
- Mit welchem Kunden-Typ haben/hatten Sie Schwierigkeiten?

Weiterbildung/Karriere

- Wo möchten Sie sich durch Fort- und Weiterbildung noch verbessern?
- Welchen Stellenwert hat für Sie Weiterbildung?
- Was tun Sie, um sich beruflich fit zu halten?
- Wo wollen Sie in fünf Jahren beruflich stehen?
- Welche persönlichen Ziele haben Sie sich mittel- und langfristig gesetzt?

Persönlichkeit

- Wo sehen Sie Ihre persönlichen Stärken?
- Woran wollen Sie bei sich noch arbeiten?
- Wie verhalten Sie sich, wenn Sie mit unliebsamen Situationen im Beruf konfrontiert werden?
- Wie gehen Sie mit Stress und Zeitdruck um?
- Sind Sie ehrgeizig, wenn ja, wie zeigt sich dies?
- Welche Situationen belasten Sie besonders?
- Welche Argumente sprechen für Sie als Bewerber?

Vergütung und möglicher Eintrittstermin

- Wo liegen Ihre Gehaltsvorstellungen?
- Worauf legen Sie besonderen Wert bei den Nebenleistungen?
- Wann ist Ihr frühest möglicher Eintrittstermin?

Weiteres Vorgehen, Entscheidungsfindung

- Haben Sie noch Fragen?
- Stehen Sie im Hinblick auf andere Bewerbungen derzeit unter terminlichem Entscheidungsdruck?
- Bis wann benötigen Sie von uns eine Entscheidung?
- Welche Kriterien sind für Sie besonders entscheidungsrelevant?

6.2   Halbstrukturiertes Interview

Das halbstrukturierte Interview stützt sich auf einen groben Rahmen, der die wesentlichen Aspekte und Inhalte für die Kandidatengespräche festsetzt. Dabei werden bezogen auf das Anforderungsprofil der Stelle wichtige Themenbereiche fixiert, die angesprochen werden sollten. Im Gegensatz zum strukturierten Interview ist jedoch der Freiheitsgrad, in welcher Form und zu welchem Zeitpunkt des Gespräches die Themen aufgegriffen werden, wesentlich höher.

Vorteile

- Mit allen Bewerbern werden die für die Position wesentlichen Themenbereiche angesprochen.
- Es besteht die Flexibilität, auf individuelle Besonderheiten des einzelnen Bewerbers näher einzugehen.
- Jeder Interviewer hat die Möglichkeit, seine individuelle Gesprächsstrategie zu entwickeln.

Nachteile

- Die Vergleichsmöglichkeit der Kandidaten ist schwieriger als beim strukturierten Interview, da nicht alle Bewerber genau die gleichen Fragen und damit unterschiedliche Ausgangssituationen vorfinden.
- Der persönliche Interviewstil wird durch das vorgegebene Raster eingeschränkt.

▷ **Tipp** Insbesondere wenn mehrere Unternehmensvertreter an den Bewerberinterviews beteiligt sind, ist es ratsam, zumindest ein halbstrukturiertes Interview zu führen. Dies stellt sicher, dass in dem vorgesehenen Zeitrahmen auf jeden Fall die wesentlichen Aspekte beleuchtet werden und für alle Kandidaten „Basisinformationen" vorliegen, die im Hinblick auf die Auswahlentscheidung als Grundlage genutzt werden können.

Beispiel halbstrukturierter Interviewleitfaden
Werdegang des Kandidaten

- „Roten Faden" aus dem bisherigen Werdegang im Hinblick auf die angestrebte Stelle hinterfragen,
- besondere Qualifikationen, die während der Ausbildung/der Berufstätigkeit erworben wurden, ermitteln,
- Gründe für bisherige Stellenwechsel erläutern lassen,
- Lücken im Lebenslauf ansprechen,
- Erfolge/Misserfolge beleuchten.

Soziale Kompetenz

- Beispiele für Verhalten in Teams nennen lassen,
- bisheriges Verhältnis zu Vorgesetzten und Kollegen hinterfragen,
- Führungsstil anhand von Beispielen analysieren,
- auf Kommunikationsverhalten achten.

Methodenkompetenz

- Erfahrung im Projektmanagement erläutern lassen,
- Arbeitsstil/Selbstorganisation beleuchten,
- Erfahrung mit Präsentations- und Moderationstechniken ansprechen und hinterfragen.

Zusatzqualifikationen

- Sprachkenntnisse z. B. in Englisch im Gespräch testen (English Conversation)

Persönlichkeitsprofil

- Persönliche Stärken und vorhandene Defizite erfragen,
- Motivation für die Stelle beschreiben lassen,
- Mobilität im Hinblick auf Auslandstätigkeit ansprechen,
- Belastbarkeit testen.

Fragen des Bewerbers

- Auf Qualität und Stoßrichtung der Fragen achten.

Gehalt und Rahmenbedingungen

- Gehaltsvorstellungen erfragen,
- Rahmenbedingungen vorstellen.

Weitere Vorgehensweise abstimmen

- Wer meldet sich bis wann?
- „Deadlines" für Entscheidungen besprechen.

6.3   Offenes Interview

Das offene Interview ist eine Gesprächsform, die sich ganz individuell an den Bedürfnissen und Erwartungen des Interviewers und des jeweiligen Bewerbers orientiert. Es gibt keine Gesprächsleitfäden und demzufolge auch keine fest umrissenen Fragen, die bei allen Kandidaten in gleicher Weise gestellt werden.

Vorteile

* Hohe Flexibilität im Hinblick auf bewerberspezifische Sachverhalte.
* Individueller Gesprächsstil kann praktiziert werden.
* Der Bewerber hat nicht das Gefühl, „von der Stange" behandelt zu werden.

Nachteil

* Keine einheitliche Informationsbasis über alle Bewerber.
* Gefahr, den roten Faden zu verlieren.
* Festbeißen in Spezialthemen mit dem Risiko, nicht mehr genügend Zeit für andere wichtige Gesprächsinhalte zu haben.

▶ **Fazit**
Für den ungeübten Interviewer besteht leicht die Gefahr, dass er den roten Faden verliert, sich „verplaudert" und am Ende des Gespräches nicht die Informationen erhalten hat, die für eine fundierte Auswahlentscheidung von Nöten wären.
Der erfahrene Interviewer kann hier sehr flexibel auf den jeweiligen Bewerber eingehen, solange er seine Zielrichtung klar im Kopf behält.

Zusammenspiel Fachbereich – HR-Bereich

7

Wenn von Einzelinterview gesprochen wird, bedeutet dies nur, dass kein weiterer Bewerber an dem Gespräch teilnimmt, wohl aber können von Unternehmensseite mehrere Gesprächsteilnehmer anwesend sein. Die Anzahl der im Rahmen einer Einstellentscheidung durchgeführten Gespräche ist oftmals abhängig von der Größe des Unternehmens. Aus organisatorischen Gründen bietet es sich manchmal an, getrennte Gespräche mit Vertretern von HR- und Fachbereich zu führen.

▷ **Tipp** Es kann in der praktischen Durchführung des Gespräches sinnvoll sein, zunächst das Gespräch gemeinsam mit einem Vertreter aus Fach- und HR-Bereich zu beginnen und dann nach circa 30 min die fachlichen Themen zwischen Fachbereich und Bewerber zu vertiefen. So haben beide Unternehmensvertreter einen gemeinsamen Eindruck von dem Kandidaten, was im Hinblick auf die Analyse und Auswahlentscheidung Vorteile mit sich bringt. Danach können fachliche Themen „unter Experten" noch vertieft werden.

7.1 Wenn HR-Bereich und Fachbereich getrennte Gespräche führen

Das Gespräch mit dem HR-Bereich

Bei dem Gespräch mit dem HR-Bereich geht es primär um die persönliche Qualifikation des Bewerbers, eine fachliche Vertiefung erfolgt dabei weniger.

© Springer Fachmedien Wiesbaden GmbH, ein Teil von Springer Nature 2020
D. Brenner, *Bewerberinterviews sicher und zielgerichtet führen*, essentials,
https://doi.org/10.1007/978-3-658-31088-2_7

Die Entscheidung des HR-Bereiches steht bei Fach- und Führungsnachwuchskräften im Schwerpunkt unter der Fragestellung:

- Erfüllt der Bewerber die Persönlichkeitsmerkmale für die Stelle?
- Ist anzunehmen, dass der Bewerber das Potenzial besitzt, in einigen Jahren eine weiterführende Aufgabe zu übernehmen?
- Lässt der Bewerber eine gewisse Offenheit und Vielseitigkeit erkennen, die es ihm ermöglicht, sich in neue Aufgabengebiete einzuarbeiten?
- Wird sich der Bewerber mit den Unternehmenszielen bzw. der Unternehmenskultur identifizieren können?
- Kann der Bewerber fachliche Themen auch allgemeinverständlich vermitteln?

Der letzte Punkt zielt besonders darauf ab, inwiefern ein Kandidat in der Lage ist, interdisziplinär mit Menschen aus anderen Fachbereichen zusammenzuarbeiten und seine fachspezifischen Aspekte einzubringen.

Im Gespräch des HR-Bereiches mit dem Bewerber stehen die Fragen zu Aufbau und Struktur des Unternehmens, innerbetrieblicher Personalentwicklung und dem Arbeitsvertrag im Vordergrund. Auch der Teil Vergütung und Einkommensentwicklung ist meist der vom HR-Bereich zu bearbeitende Teil.

Das Gespräch mit dem Fachbereich

Bei dem Gespräch seitens des Fachbereiches kommen der fachlichen Qualifikation und der Integration des Bewerbers in die Fachabteilung eine hohe Bedeutung bei. Für Sie als Fachvorgesetzten ist besonders wichtig, ob „die Chemie" stimmt. Da Sie mit dem Bewerber eng zusammenarbeiten werden, sollten Sie sich im Rahmen des Bewerberinterviews ein Bild von der Persönlichkeit des Bewerbers machen können. Gegenstand des Gespräches können auch vertiefende Fragen zum bisherigen Arbeitsgebiet, zur Bachelor-/Master-Thesis bzw. Promotion sein.

Spezifische Themen des Gespräches mit dem Fachbereich sind:

- Fachliche Qualifikation
- Notwendige Einarbeitungszeit
- Integrationsfähigkeit
- Fachliche Fragen/Fragen zu bisherigen Projekten

Als Fachvorgesetzter sollten Sie auch auf Fragen seitens des Bewerbers zu den nachfolgenden Themenbereichen vorbereitet sein:

- Arbeitsplatzgestaltung, technische Ausstattung von Laboren
- Arbeitsklima und Zusammensetzung des Kollegenkreises
- Einarbeitungsprogramm
- Arbeitsinhalte

7.2 Durchführung gemeinsamer Gespräche

Wenn Sie ein gemeinsames Gespräch mit dem HR-Bereich durchführen, ist es üblich, dass beide Unternehmensvertreter Fragen an den Bewerber stellen. Sich auf mehrere Gesprächspartner parallel einstellen zu müssen, setzt den Bewerber im Gespräch sicherlich stärker unter Druck, zeigt aber auch ein besonderes Qualifikationsmerkmal einer Person.

Bei einer gemeinsamen Gesprächsführung sollte im Vorfeld abgestimmt werden, wie der Gesprächsverlauf geplant ist und wer welche Themenbereiche abdecken sollte. Dies bedeutet nicht, dass spontane Rückfragen oder Vertiefungen damit ausgeschlossen sind. Auch bei getrennt geführten Gesprächen sollte eine vorherige Abstimmung erfolgen, damit nicht firmenseitige Informationen doppelt, in widersprüchlicher Form oder gar nicht gegeben werden.

Gesprächsphasen

8

Wie bereits angesprochen, gibt es sicherlich nicht ein stereotypes Schema für ein Bewerberinterview. Hier sollte durchaus eine gewisse Offenheit herrschen, nicht zuletzt um zu vermeiden, dass das gesamte Gesprächsprozedere auf den Kandidaten den Eindruck einer „Standardabwicklung" macht. Dennoch haben sich in der Praxis einige Gesprächsphasen herauskristallisiert, die nahezu in jedem Vorstellungsgespräch wiederzufinden sind.

Ein Bewerberinterview dauert in Abhängigkeit von der Position, der Anzahl der vorgesehenen Gespräche und der unternehmensseitig beteiligten Personen in der Regel zwischen 45 und 90 min. Das Interview lässt sich im Wesentlichen in die in Tab. 8.1 aufgezeigten Phasen gliedern.

Phase 1: Warming-up – der erste Eindruck
Das „Warming-up" dient dazu, sich zunächst einmal kennenzulernen, sich quasi zu „beschnuppern", das Eis zu brechen und einen ersten Eindruck zu erhalten. Dabei kommt diesem ersten Eindruck eine besondere Bedeutung zu. Er entscheidet über die gegenseitige Sympathie von Interviewer und Bewerber und

Tab. 8.1 Phasen eines Interviews

Gesprächsphase	Zeitbedarf in Minuten
Warming-up	5
Vorstellung des Bewerbers	5–10
Präsentation des Unternehmens	10–15
Vertiefungsphase	15–40
Fragen des Bewerbers	5–15
Gesprächsabschluss	5

© Springer Fachmedien Wiesbaden GmbH, ein Teil von Springer Nature 2020
D. Brenner, *Bewerberinterviews sicher und zielgerichtet führen*, essentials,
https://doi.org/10.1007/978-3-658-31088-2_8

diese hat Einfluss auf den gesamten weiteren Gesprächsverlauf. Da die meisten
Bewerber in den ersten Minuten aufgeregt sind – das ist auch nach mehreren
Jahren Berufserfahrung noch ganz natürlich, denn schließlich handelt es sich bei
einem Vorstellungsgespräch um eine Ausnahmesituation –, sollten Sie als Interviewer versuchen, die Gesprächsatmosphäre aufzulockern. Dies kann dadurch
geschehen, dass Sie zunächst danach fragen, wie die Anreise war, oder ein unver-
fängliches Thema wie z. B. das Wetter ansprechen. Ziel des Gespräches ist es,
ein realistisches Bild des Bewerbers zu erhalten. Je entspannter die Gesprächssituation ist, umso offener und natürlicher wird sich der Bewerber geben. Hierzu
zählt auch, dass Sie sich als Unternehmensvertreter dem Kandidaten vorstellen,
kurz Ihre Position und Ihren beruflichen Hintergrund erläutern und einen Über-
blick über den zeitlichen und inhaltlichen Rahmen des Gespräches geben.
Denken Sie daran, dem Bewerber etwas zu trinken anzubieten. Stellen Sie deshalb sicher, dass Gläser bzw. Tassen und Getränke verfügbar sind.

Phase 2: Selbstpräsentation des Bewerbers
Der Bewerber wird gebeten, etwas über sich und seine Vorstellungen/
Erwartungen an die Position zu erzählen: Eine kurze Darstellung (3 – max.
10 min) seines bisherigen Werdegangs mit dem besonderen Blickwinkel auf
die angestrebte Position sollten Gegenstand dieser Präsentation sein. Heben
Sie hervor, dass es nicht darum geht, den schriftlich vorliegenden Lebenslauf
nochmals erzählt zu bekommen, sondern deutlich zu machen, warum sich der
Kandidat für die zu besetzende Position für qualifiziert hält.
Wesentliche Inhalte im Hinblick auf Ihre Auswahlentscheidung sind dabei:

- wichtige Stationen des Lebenslaufes,
- der rote Faden, der sich im Lebenslauf erkennen lässt,
- die Motivation, sich auf diese Stelle beworben zu haben,
- Erfolge, die in der Vergangenheit erzielt wurden,
- bisherige Erfahrungen und wichtige Qualifikationen in Bezug auf die
  angestrebte Stelle,
- realistische Vorstellung des Bewerbers im Hinblick auf die zu besetzende
  Stelle,
- Gründe, warum Sie den Kandidaten einstellen sollten.

▶   **Tipp** Es hat sich in der Praxis bewährt, den Kandidaten zunächst über
     sich und seine Erwartungen sprechen zu lassen, bevor Sie das Unter-
     nehmen und weiterführende Informationen zu der zu besetzenden

Stelle im Rahmen der Firmenpräsentation geben. So erhalten Sie
ein ungefärbtes Bild, wie gut sich der Kandidat vorbereitet hat und
welche Vorstellungen er tatsächlich mitbringt. Ansonsten laufen Sie
leicht Gefahr, dass der Bewerber Ihnen „nach dem Mund redet" und
damit keine solide Entscheidungsbasis mehr gegeben ist. Ferner
können Sie individuell entscheiden, auf welchem „Wissens-Level"
Sie bei der Unternehmenspräsentation einsteigen können. Das kann
wertvolle Zeit sparen, die Sie sinnvoll für andere Themengebiete
nutzen können.

Phase 3: Präsentation des Unternehmens
Um ein partnerschaftliches Geben und Nehmen zwischen Bewerber und Unternehmensvertreter im Gespräch hervorzuheben und nicht eine Verhörsituation
zu schaffen, sollten dem Bewerber auch umfassende Informationen über das
Unternehmen und sein mögliches zukünftiges Arbeitsumfeld gegeben werden.
Sehr positiv zu bewerten ist, wenn der Bewerber durch das Stellen qualifizierter
Fragen deutlich macht, dass er sich bereits im Vorfeld informiert hat. Im Rahmen
der Unternehmenspräsentation gilt es auch, die zu besetzende Position näher zu
beschreiben. Auch für den Bewerber ist es wichtig, die Stellenanforderungen
und firmenseitigen Erwartungen sehr detailliert zu kennen, um diese mit seinen
eigenen Vorstellungen und Fähigkeiten abgleichen zu können.

▶ **Tipp** Geben Sie dem Bewerber immer wieder die Gelegenheit eigene
Fragen zu stellen, indem Sie kleine Sprechpausen einbauen. Es geht
nicht darum, dass Sie möglichst viele Informationen platzieren,
sondern dass die für beide Seiten relevanten Themen angesprochen
werden.

Phase 4: Vertiefungsphase
In der Vertiefungsphase werden Rückfragen zu den vorliegenden Bewerbungsunterlagen aufgegriffen sowie detaillierte Informationen zum Qualifikationsprofil des Kandidaten gesammelt. Bei der Vertiefungsphase handelt es sich um
den Kernbereich des Bewerberinterviews. Je zielgerichteter und intensiver der
Informationsaustausch in dieser Phase erfolgt, umso fundierter kann eine Auswahlentscheidung auf der Grundlage des Interviews getroffen werden. Aus Sicht
des Unternehmens sollten Sie versuchen, einen möglichst hohen Redeanteil des
Bewerbers (circa 60–70 %) anzustreben.

Mögliche Fragestellungen sind:

- Gründe für Berufswahl oder Berufswechsel,
- Motive für die Bewerbung (Warum dieser Aufgabenbereich in diesem Unternehmen?),
- bisheriger Werdegang (Gibt es Lücken im Lebenslauf?),
- fachliche Schwerpunkte,
- gibt es Schwachstellen wie: Kündigungen/lange Studiendauer,
- erzielte Erfolge,
- Aktivitäten außerhalb von Studium/Beruf,
- persönliche Einstellung zu Arbeit, Erfolg, Leistung,
- Mobilität,
- Stärken und Schwächen,
- Zukunftspläne, Weiterbildungswille (Was möchten Sie in fünf Jahren tun?),
- Identifikation mit Aufgaben/Tätigkeiten,
- Gehaltswunsch,
- Verfügbarkeit.

Die Vertiefungsphase bietet auch die Möglichkeit, so genannte „Ergänzende Elemente" in das Bewerberinterview zu integrieren (siehe Abschn. 9.4).

Phase 5: Fragen des Bewerbers
Als Unternehmensvertreter sollten Sie dem Kandidaten immer auch Gelegenheit geben, eigene Fragen zu stellen. Sie demonstrieren damit zum einen die Grundeinstellung, dass es sich bei dem Gespräch um einen Entscheidungsprozess zweier gleichberechtigter Partner handelt und auch Sie bereit sind, Informationen preiszugeben. Ferner können Sie aus den gestellten Fragen wichtige Rückschlüsse auf den Bewerber ziehen. Die Erfahrung zeigt, dass eine hohe Korrelation zwischen der Qualität eines Bewerbers und seinen Fragen besteht. Hat er keine eigenen Fragen, kann dies ein Hinweis auf geringes Interesse und wenig Vorbereitung seinerseits sein. Drehen sich die Fragen ausschließlich um Themen wie Urlaubsanspruch, Lohnfortzahlung im Krankheitsfall oder Arbeitsbeginn und -ende, lässt dies den Rückschluss zu, dass es ihm weniger um die Aufgabe selbst, als vielmehr um einen „sicheren Job in fest umgrenzten Arbeitszeiten" geht. Fragen, die dagegen die Arbeitsinhalte, die Gestaltung der Arbeitsabläufe oder mögliche Perspektiven bei erfolgreicher Bewältigung der Aufgaben zum Gegenstand haben, drücken klare Vorstellungen, Motivation und Interesse für die Arbeit aus.

▶ **Tipp** Für einen Bewerber ist es von besonderem Interesse, den zukünftigen Arbeitsplatz besichtigen zu können und das Gespräch mit potenziellen Kollegen zu führen. Seien Sie darauf vorbereitet, dass dieser Wunsch geäußert wird, und treffen Sie entsprechende Vorbereitungen, um dies auch realisieren zu können. Es kann auch sinnvoll sein, dies dem Bewerber Ihrerseits proaktiv anzubieten.

Phase 6: Gesprächsabschluss

Am Ende des Gespräches sollte konkret vereinbart werden, wie die weitere Vorgehensweise geplant ist. Üblich ist, dass Sie sich unternehmensseitig wieder bei dem Bewerber melden. Nennen Sie einen Zeitrahmen, bis wann Sie die endgültige Einstellentscheidung planen, um dem Bewerber eine Orientierung geben zu können.

▶ **Tipp** Eine kluge Alternative könnte darin bestehen, den Bewerber zunächst zu bitten, sich nach ein bis zwei Tagen zu melden, um seinerseits eine Aussage zu machen, ob er sich auf der Grundlage der gewonnenen Informationen eine Mitarbeit konkret vorstellen kann. Dies erspart Ihnen Zeit und Energie in der Auswahlentscheidung, um sich nicht auf Kandidaten zu fixieren, die im Nachgang des Gespräches kein Interesse mehr an einer Mitarbeit haben. Ferner erhöht eine positive Rückmeldung des Bewerbers die Wahrscheinlichkeit, dass der Kandidat im Falle einer Zusage von Ihrer Seite das Vertragsangebot auch annehmen wird.

Verabschieden Sie den Bewerber und – sofern nicht bereits bei der Begrüßung geschehen – überreichen Sie ihm eine Visitenkarte mit dem Angebot, bei möglichen Fragen gerne noch einmal auf Sie zukommen zu können. Stellen Sie sicher, dass seine Reisekosten entsprechend erstattet werden. Sofern Sie nicht mit der Einladung direkt zum Ausdruck gebracht haben, dass Sie Reisekosten nicht übernehmen, hat der Bewerber einen Rechtsanspruch darauf. Es kann nur dringend geraten werden, nicht bereits an der Stelle sich knauserig zu geben und Reisekosten nicht zu übernehmen. Dies vermittelt einen denkbar schlechten Eindruck.

Fragetechniken und Gesprächselemente

9

Versuchen Sie, eine möglichst fundierte Informationsbasis zu gewinnen. Da Sie als Interviewer das Gespräch steuern, sollten Sie eine breite Toolbox an Gesprächstechniken zur Verfügung haben.

9.1 Frageformen

Je nach dem, was Sie mit einer Frage bezwecken und wie Sie diese formulieren, können Sie ganz gezielt die Beantwortung steuern. Die wohl gebräuchlichste Frageform ist das zielgerichtete Stellen von **offenen** und **geschlossenen Fragen.**

Eine **offene Frage** ist dadurch gekennzeichnet, dass sie sich nicht mit „ja" oder „nein" beantworten lässt.

Beispiele für offene Fragen:

- Worauf führen Sie Ihre bisherigen beruflichen Erfolge zurück?
- Wie würden Sie die geschilderte Aufgabenstellung lösen?
- Warum haben Sie die Firma XY verlassen?

Offene Fragen werden auch „W-Fragen" genannt, da sie häufig mit den Fragewörtern wie, warum, wie, wozu, … beginnen.

Offene Fragen sind dann sinnvoll, wenn Sie mehr über den Kandidaten erfahren wollen und er Entscheidungen oder Verhaltensweisen begründen soll. Er ist aufgefordert, Zusammenhänge zu erläutern und Sachverhalte zu erklären. Er liefert damit wichtige Informationen und gibt Ihnen zum einen die Möglichkeit,

© Springer Fachmedien Wiesbaden GmbH, ein Teil von Springer Nature 2020
D. Brenner, *Bewerberinterviews sicher und zielgerichtet führen,* essentials,
https://doi.org/10.1007/978-3-658-31088-2_9

Hintergründe zu bestimmten Fakten zu erfahren und Beweggründe zu verstehen. Ferner bietet Ihnen die Beantwortung offener Fragen auch die Chance, einen Eindruck über die Ausdrucksfähigkeit, das logische Denken und die Argumentationsstärke eines Bewerbers zu erfahren. Offene Fragen erhöhen den Gesprächsfluss und den Redeanteil des Bewerbers.

Bei **geschlossenen Fragen** handelt es sich im Gegenzug um Fragen, die kurz und prägnant mit „ja" oder „nein" oder einem Faktum beantwortet werden können.

Beispiele für geschlossene Fragen:

- Sind Sie mobil?
- Trauen Sie sich eine Führungsaufgabe zu?
- Wann haben Sie das erste Mal in einem Projekt gearbeitet?

Geschlossene Fragen sollten Sie immer dann stellen, wenn der Bewerber einen Sachverhalt auf den Punkt bringen und sich zu etwas bekennen soll. Geschlossene Fragen haben häufig einen Commitment-Charakter, sie fordern den Kandidaten auf, nicht um den heißen Brei zu reden, sondern Farbe zu bekennen.

▷ **Tipp** Je nach Intention und Gesprächssituation ist es ratsam, ganz bewusst geschlossene oder offene Fragen einzusetzen. Der Schwerpunkt der Fragen sollten jedoch offene Fragen sein, um den Sprechanteil des Bewerbers zu erhöhen und damit eine ausreichende Informationsbasis über ihn zu erhalten.

Geht es darum, den Bewerber zwischen verschiedenen Alternativen eine Auswahl treffen zu lassen, können **Entscheidungsfragen** gezielt eingesetzt und Prioritäten erkannt werden.

Beispiele für Entscheidungsfragen:

- Welchen der Beratungsansätze bevorzugen Sie?
- Auf welche Nebenleistungen legen Sie besonders Wert?
- An welchem unserer Standorte würden Sie bevorzugt arbeiten?

Entscheidungsfragen bieten eine gute Basis, um im Anschluss näher darauf einzugehen, weshalb der Kandidat sich für diese Variante entschieden hat.

Mit **Wissensfragen** lassen sich gezielt Informationen gewinnen bzw. Kenntnisse erfragen.

Beispiele für Wissensfragen:

- Über welche Medien halten Sie sich regelmäßig fachlich auf dem Laufenden?
- Wer sind unsere stärksten Mitbewerber am Markt?
- Was wissen Sie über die additive Fertigung?

Wissensfragen sind im Hinblick auf den Kenntnisstand eines Bewerbers sehr hilfreich, um abschätzen zu können, welche Einarbeitungsmaßnahmen sinnvoll bzw. notwendig sind. Ferner vermitteln Sie einen Eindruck, wie gut ein Kandidat auf das Gespräch vorbereitet ist.

Mit **diagnostischen Fragen** können Sie die Einschätzung eines Bewerbers zu einem Sachverhalt näher hinterfragen. Diese Fragen eignen sich daher sehr gut, um die analytischen Fähigkeiten beurteilen zu können.

Beispiele für diagnostische Fragen:

- Worin sehen Sie die größten Chancen?
- Was ist Ihrer Meinung nach die Kernaussage in dem Text?
- Wie interpretieren Sie die vorliegenden Messwerte?

In der Abb. 9.1 sind die Frageformen nochmals zusammengefasst und grafisch dargestellt.

Abb. 9.1 Frageformen

Gerade bei kritischen Themen besteht leicht die Gefahr, dass sich ein Kandidat durch allgemeine Aussagen in die Enge getrieben oder abgeurteilt fühlt. „Das ist nicht logisch, was Sie gerade erzählt haben." oder „Sie kommen nicht auf den Punkt." sind derartige Beispiele.

Indem Sie anstelle der allgemeinen Bewertung eine **Ich-Aussage** formulieren, nehmen Sie den Druck aus einem Thema und bieten dem Kandidaten die Möglichkeit, auf einen Sachverhalt nochmals näher einzugehen.

Beispiele für Ich-Aussagen:

- „Sie haben gerade Ihre Beweggründe für den Studienwechsel erläutert. Ich habe noch nicht ganz verstanden, was der entscheidende Auslöser war. Können Sie mir das bitte nochmals näher beschreiben?"
- „Bei mir ist der Eindruck entstanden, dass für Sie das Arbeitsklima im Team ein entscheidender Faktor ist, weshalb Sie die Stelle wechseln möchten. Ist mein Eindruck richtig?"
- „Sofern dies der Fall ist, was können wir gezielt tun, damit Sie sich in der neuen Arbeitsumgebung wohl fühlen?"
- „Es würde mir helfen, wenn Sie mir nochmals ganz konkret die für Sie erfolgsrelevanten Faktoren erläutern könnten."

Einen entscheidenden Erfolgsfaktor für ein ergiebiges Interview stellt das **aktive Zuhören** dar. Diese Aussage mag zunächst trivial klingen, in der Praxis zeigt sich jedoch, dass viele Interviewer in Gedanken schon bei ihrer nächsten Frage und nicht bei der Antwort des Bewerbers sind.

Aktives Zuhören bedeutet, sich ganz auf den Kandidaten und seine Aussagen zu konzentrieren. Häufig bieten Bewerber mit ihren Aussagen eine wunderbare Ausgangsbasis für weitere Fragen und die Vertiefung eines Themas. Indem Sie auf Aussagen des Bewerbers eingehen, signalisieren Sie zum einen Wertschätzung und Interesse an dem Kandidaten. Zum anderen tragen Sie zu einem geschmeidigen Gesprächsfluss bei, indem Sie die vom Kandidaten genannten Themen und Beispiele aufgreifen und näher hinterfragen. Ein Kandidat wird in der Regel auch wesentlich offener und gesprächiger sein, wenn er das, was er selbst angesprochen hat, noch vertiefen kann. Dieses Aufgreifen von Themen muss nicht immer unmittelbar erfolgen. Es kann auch sehr sinnvoll sein, zu einem späteren Zeitpunkt nochmals das Thema anzusprechen.

Beispiele für die Umsetzung des aktiven Zuhörens:

„Sie erwähnten gerade, dass Sie seit zehn Jahren als Gruppenleiter bei den Pfadfindern aktiv sind. Was haben Sie Ihrer Meinung nach bei dieser Aufgabe für sich lernen bzw. mitnehmen können?"

„Sie sprachen eingangs davon, dass Sie aus einer großen Familie mit vielen
Geschwistern kommen. Inwiefern hat diese Tatsache Einfluss auf Ihr Verhalten in
Teams?"

„Sie betonten, dass insbesondere das Praktikum bei der YZ AG für Sie sehr
prägend war. Mich würde sehr interessieren, mehr darüber zu erfahren."

9.2   Interviewtechnik

Ziel des Auswahlprozesses sollte es sein, realistische Aussagen über Einstellungen und Verhaltensweisen eines Bewerbers zu erhalten. Sehr häufig werden
dem Kandidaten hierzu Konjunktivfragen gestellt nach dem Motto: Wie würden
Sie sich in einer bestimmten Situation verhalten?

Diese hypothetischen Fragen beinhalten den Nachteil, dass ein Bewerber
zwar eine Behauptung aufstellen kann, jedoch keine Sicherheit besteht, ob er die
beschriebene Verhaltensweise in der Realität auch tatsächlich praktizieren wird.
Als Interviewer können Sie seinen Aussagen entweder glauben oder eben auch
nicht.

Vor diesem Hintergrund wurde die Interviewtechnik entwickelt, die auf dem
Ansatz beruht, dass real gezeigtes Verhalten aus der Vergangenheit mit einer
hohen Wahrscheinlichkeit auch in der Zukunft abrufbar ist und damit zukünftiges
Verhalten prognostizierbar macht.

Die Interviewtechnik arbeitet mit der Frageform: Schildern Sie uns doch bitte
eine Situation aus der Vergangenheit, in der Sie _____ (*beliebiges Kriterium*)
gezeigt haben?

Im Rahmen dieser Interviewmethode beziehen sich die Fragen deshalb auf
reale Situationen aus der Vergangenheit. Der Bewerber wird gebeten, eine *Aus-
gangssituation* zu beschreiben, anschließend soll das *eigene Verhalten* in dieser
Situation erläutert werden und zum Schluss wird das Fragedreieck durch die
Angaben zur bewirkten Veränderung komplettiert. Dies wird im Dreieck als
Ergebnis dargestellt (Abb. 9.2).

Der Vorteil der Fragetechnik liegt darin, dass sie für die unterschiedlichsten
Kriterien eingesetzt werden kann. Ob Durchsetzungsvermögen, Teamfähigkeit, Kreativität, Frustrationstoleranz oder Kompromissbereitschaft, immer geht
es darum, anhand realer Beispiele aus der Vergangenheit Informationen über
den Bewerber zu erhalten. Immer wenn Situation, eigenes Verhalten und Ergebnis bezogen auf ein bestimmtes Anforderungskriterium von dem Bewerber
geschildert wurden, kann von einem „geschlossenen Dreieck" gesprochen
werden. Dies bedeutet, dass der Bewerber zu dem hinterfragten Kriterium, ein

Beispiel: Kriterium Überzeugungskraft
- Ist es Ihnen in der Vergangenheit einmal gelungen, andere Personen von der von Ihnen vorgeschlagenen Vorgehensweise zu überzeugen?
- Nennen Sie uns hierzu ein Beispiel.

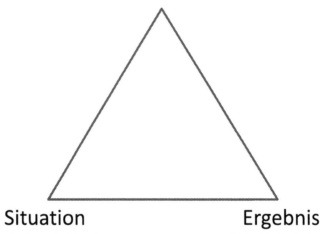

Verhalten
2. Verhalten des Bewerbers in der Situation

Situation
1. Beschreibung der Situation

Ergebnis
3. Bewirkte Veränderung

Abb. 9.2 Fragedreieck

in sich schlüssiges Beispiel nennen konnte, sprich: Er hat dieses Qualifikationsmerkmal zumindest einmal in der Praxis gezeigt.

▶   **Tipp** Achten Sie darauf, dass es sich bei dem Beispiel um eine konkrete Einzelsituation handelt und nicht allgemeine Verhaltensweisen beschrieben werden. Letztere können Sie an Signalwörtern wie z. B. „generell", „im Allgemeinen" oder „man sollte" erkennen. Sofern ein Kandidat auf diesem unspezifischen, verallgemeinernden

Beispiellevel argumentiert, sollten Sie gezielt nachhaken und nach einer Einzelsituation fragen. Je konkreter und anschaulicher das Beispiel beschrieben wird, umso klarer lässt sich das gezeigte Verhalten des Bewerbers nachvollziehen und einschätzen.

Im Grunde geht es darum, dass der Kandidat Sie so realistisch wie möglich in die damalige Situation, in der er sein Verhalten gezeigt hat, mitnimmt. So können Sie am besten beurteilen, ob seine Vorgehensweise Ihren Erwartungen entspricht.

9.3 Situative Fragen/Fallstudien

Situative Fragen oder auch Fallstudien sind besonders aussagefähig, da der Bewerber sein Verhalten direkt unter Beweis stellen kann. Im Assessment Center werden hierzu die Kandidaten in entsprechende, praxisrelevante Situationen versetzt und ihr Verhalten in den Situationen beobachtet und bewertet.

Auch im Rahmen eines Vorstellungsgespräches können solche situativen Fragen aus praxisrelevanten Situationen zumindest in begrenztem Umfang gestellt werden. Der Bewerber wird aufgefordert, sich in eine bestimmte Rolle hineinzuversetzen und sein Verhalten in dieser Situation zu demonstrieren.

Beispiel

„Nehmen wir mal an, Sie sind Mitglied in einem Projektteam. Ich bin ein Teamkollege von Ihnen und habe entsprechend dem Projektterminplan die Aufgaben meines Arbeitspaketes nicht erledigt. Sie sind dadurch in Ihren Aufgaben blockiert und können nicht weitermachen, da Sie auf meine Zuarbeit angewiesen sind. Wie verhalten Sie sich? Lassen Sie uns die Situation einfach mal durchspielen." ◄

Im Gegensatz zu situativen Fragen sind Fallstudien umfangreicher und der Bewerber erhält meistens eine kurze Vorbereitungszeit, um sich mit der Aufgabenstellung bzw. dem Szenario vertraut zu machen.

▷   **Tipp** Situative Fragen und Fallstudien tragen zum Auflockern des Gespräches bei und geben dem Bewerber Gelegenheit, sein Verhalten bezogen auf einen konkreten Sachverhalt zu demonstrieren bzw. in einer Fallstudie auch konzeptionelles Können unter Beweis zu stellen. Nutzen Sie diese Möglichkeit praxisbezogene Informationen über das Bewerberverhalten zu gewinnen.

9.4   Ergänzende Elemente des Interviews

Ähnlich wie situative Fragen und Fallstudien bieten **Arbeitsproben** die Chance, Bewerberverhalten quasi „live" demonstriert zu bekommen. Hierzu zählt auch, z. B. Fremdsprachenkenntnisse im Rahmen des Gespräches zu testen. Werden Englischkenntnisse als Muss-Anforderung gesehen, ist es ratsam, eine Sprachprobe durchzuführen und einen Teil des Gespräches auf Englisch zu führen. So erhalten Sie einen Eindruck, wie es um die Fremdsprachenkenntnis bestellt ist. Ansonsten besteht die Gefahr, dass von beiden Seiten z. B. „gute Englischkenntnisse" sehr unterschiedlich interpretiert werden. Soll ein Bewerber z. B. über fundierte MS-Excel-Kenntnisse verfügen, kann er diese am einfachsten durch das Bearbeiten einer kurzen Übung am PC unter Beweis stellen. Ist technisches Verständnis eine wichtige Voraussetzung, lässt sich eine entsprechende Aufgabenstellung problemlos in ein Gespräch integrieren. Der Bewerber kann z. B. auf einem zur Verfügung stehenden Flip-Chart ein Diagramm aufzeichnen oder sein letztes Projekt kurz präsentieren.

Um den Rahmen eines Vorstellungsgespräches nicht zu sprengen, darf es sich hierbei sicherlich nicht um sehr komplexe Aufgaben handeln, die einen hohen Zeitbedarf erfordern. Meistens ist jedoch schon in sehr kurzer Zeit festzustellen, ob ein Bewerber den Sachverhalt versteht bzw. einen praktikablen Lösungsansatz wählt. In dieser Form lassen sich auch aussagefähige Informationen zu Fähigkeiten wie Präsentationsverhalten oder verkäuferischem Geschick gewinnen.

Ein weiteres sinnvolles, ergänzendes Element stellt die **Teamprobe** dar. Indem Sie dem Kandidaten die Möglichkeit bieten, die potenziellen zukünftigen Kollegen kennenzulernen und sich mit ihnen auszutauschen, kommen Sie einem sehr häufig genannten Wunsch von Bewerbern entgegen. Gleichzeitig gewinnen Sie auch von Ihren Mitarbeitern eine Einschätzung, wie sie den Kandidaten erleben und ob sie sich eine Zusammenarbeit vorstellen können. Eine positive Grundhaltung wird den Onboarding-Prozess deutlich erleichtern und sich auf die Stimmung im Team förderlich auswirken.

> **Tipp** Gestalten Sie die Teamprobe so, dass Sie als Chef während dieser Zeit nicht mit anwesend sind. Das kann z. B. ein gemeinsames Kaffeetrinken mit den Kollegen und dem Kandidaten sein oder ein ungezwungener Austausch am Arbeitsplatz. Damit demonstrieren Sie Vertrauen und bieten einen freien Raum für Themen, ohne den Eindruck zu erwecken, dass Sie „kontrollieren".

9.5 Unzulässige Fragen – AGG (Allgemeines Gleichbehandlungsgesetz)

Nicht alle Fragen, deren Antworten Sie interessieren, sind rechtlich gesehen zulässig. Sie dürfen nur solche Fragen stellen, an denen Sie ein berechtigtes Interesse und die einen unmittelbaren Bezug zur Tätigkeit haben. Die Beantwortung der Fragen muss für den zu besetzenden Arbeitsplatz und die zu verrichtende Tätigkeit von Bedeutung sein. Zusätzlich hat das AGG (Allgemeines Gleichbehandlungsgesetz) hier einen rechtlichen Rahmen gesetzt. Als Interviewer sollten Sie deshalb wissen, dass alle Fragen, die einen Bewerber wegen seiner/seines

- Rasse,
- ethnischen Herkunft,
- Geschlechts,
- Religion oder Weltanschauung,
- Behinderung,
- Alters oder
- sexuellen Orientierung.

rechtlich benachteiligen könnten, nicht zulässig sind.

Bei einem Verstoß gegen das AGG kann der Bewerber einen Schadensersatz- und Entschädigungsanspruch geltend machen. Einen Einstellungsanspruch hat der Bewerber nicht. Die Beweislast, dass die Auswahlentscheidung nicht gegen das AGG verstößt, liegt bei Ihnen als Unternehmen, wenn der Bewerber Tatsachen vorträgt, die eine Benachteiligung im Sinne des Allgemeinen Gleichbehandlungsgesetzes vermuten lassen.

Auf unzulässige Fragen ist der Bewerber berechtigt, unwahrheitsgemäß zu antworten, ohne dass ihm daraus ein Nachteil entstehen kann. So ist beispielsweise auch die Frage nach einer Schwangerschaft unzulässig.

Es gibt lediglich eng definierte Ausnahmen: So genannte „Tendenzbetriebe" wie kirchliche Arbeitgeber, Gewerkschaften oder Parteien dürfen bei der Einstellung jeweils Fragen zur Religionszugehörigkeit, Gewerkschaftszugehörigkeit oder Parteizugehörigkeit eines Bewerbers stellen. Doch selbst hier hat das Bundesarbeitsgericht (BAG) auf der Grundlage eines Urteils des Europäischen Gerichtshof (EuGH) weiter eingeschränkt und konkretisiert, wann z. B. eine Kirchenmitgliedschaft als Einstellkriterium herangezogen werden darf.

▶ **Tipp** Stellen Sie sicher, dass Sie keine unzulässigen Fragen stellen,
um rechtliche Schwierigkeiten zu vermeiden. Ferner macht es auf
einen Bewerber auch keinen professionellen und seriösen Eindruck,
wenn Sie die rechtlichen Grenzen bei der Interviewführung über-
schreiten. Auch im Hinblick auf die Unternehmenskultur und den
fairen Umgang miteinander kann nur davon abgeraten werden.

9.6   Körpersprachliche Signale

Beschränken Sie sich in Ihrer Wahrnehmung nicht nur auf das gesprochene Wort.
Wie heißt es so schön: Ein Blick sagt mehr als tausend Worte. Wer z. B. sagt, dass
ihn die Ausführungen sehr interessieren, dabei aber gelangweilt in der Gegend
herumschaut, wird wenig überzeugend wirken. Nur wenn die inhaltlichen Aussagen, die Stimme und die Körpersprache stimmig sind und sich gegenseitig
unterstützen, kann von einem authentischen Auftreten gesprochen werden.

Insbesondere wenn Sie von Unternehmensseite zu zweit ein Interview führen,
sollte einer der Beteiligten, wenn er gerade nicht der Fragesteller ist, seine Auf-
merksamkeit auf die Körpersprache des Bewerbers konzentrieren.

- Wirkt der Bewerber gelassen?
- Unterstreicht die Gestik das gesprochene Wort oder steht es im Gegensatz dazu?
- Gelingt es dem Bewerber, durch Mimik und Gestik Sympathie zu wecken?
- Zeigt der Bewerber Präsenz und Aktivität?
- Ist eine Begeisterung für das, was er berichtet, zu erkennen?

Der letzte Punkt hängt sicherlich sehr stark auch von der Persönlichkeit und dem
Temperament eines Bewerbers ab. Begeisterung lässt sich jedoch nicht nur über
große Gesten und Dynamik ausdrücken, wie es bei eher extrovertierten Menschen
häufig der Fall ist. Auch ein Funkeln in den Augen oder ein leichtes Lächeln
können bei einem introvertierten Menschen, der ansonsten wenig Mimik und
Gestik zeigt, ein gutes Indiz dafür sein, dass er für ein Thema brennt.

▶ **Tipp** Messen Sie dem Eindruck der Authentizität eines Bewerbers
einen hohen Stellenwert bei. Schließlich wird er bei einer
positiven Auswahlentscheidung Ihr Unternehmen in der Zukunft
repräsentieren. Und damit stellt sich für Sie im Rahmen des Auswahlprozesses auch die Frage, ob Sie in dieser Art und Weise
zukünftig nach außen repräsentiert werden möchten.

9.7 Stressinterview

In der Literatur wird häufig von sogenannten „Stressinterviews" gesprochen. Hierunter versteht man eine Interviewtechnik, bei der ein Bewerber ganz bewusst unter Druck gesetzt wird, um seine Belastbarkeit zu testen. Sicherlich ist es in manchen Fällen ratsam, insbesondere wenn Bewerber sehr dominant oder überheblich auftreten, ihnen einmal „auf den Zahn zu fühlen", um zu sehen, ob dieses Verhalten nur aufgesetzt ist. Hierzu werden kritisch formulierte Fragen sehr zügig hintereinander gestellt. Der Effekt wird noch erhöht, indem zwei Interviewer abwechselnd die Fragen stellen.

- Sehen Sie sich in der Lage, sich innerhalb von zwei Monaten in das neue Arbeitsgebiet einzuarbeiten?
- Was gibt Ihnen die Sicherheit, dass Sie den gestellten Aufgaben gewachsen sein werden?
- Bisher konnten Sie uns noch nicht davon überzeugen, dass Sie der richtige Kandidat für uns sind. Nennen Sie uns doch bitte schlagkräftigere Argumente.
- Ihr bisheriger Werdegang gibt uns keine Anhaltspunkte, dass Sie mit einer derartigen Situation bereits einmal fertig geworden sind. Woraus gewinnen Sie die Überzeugung, dass es Ihnen diesmal gelingen wird?

Indem Sie einen Bewerber unter Druck setzen, verlassen Sie bewusst eine entspannte Gesprächssituation. Diese ist aber wichtig, um in einer offenen Atmosphäre einen partnerschaftlichen Entscheidungsprozess realisieren zu können. Wird das Interview zu einem Verhör, ist ein Bewerber wenig dazu geneigt, sein zukünftiges Arbeitsumfeld als angenehm und fair zu beurteilen. Unter diesen Gesichtspunkten raten wir eher davon ab, Stressinterviews durchzuführen.

▷ **Tipp** Sehen Sie die Notwendigkeit, die Belastbarkeit eines Bewerbers auf den Prüfstand zu stellen oder auch sonstige kritische Aspekte zu hinterfragen, so sollten Sie versuchen, reale Situationen aus seinem zukünftigen Arbeitsalltag hierfür als Grundlage heranzuziehen. Indem Sie offen ansprechen, was die konkreten Anforderungen sein werden und welche Erwartungen bestehen, geben Sie dem Kandidaten die Möglichkeit, einen Realitätsbezug herzustellen. Daher eignen sich besonders situative Fragen und Fallstudien, um diesbezüglich das Bewerberpotenzial näher zu beleuchten und vermeintliche Defizite des Bewerbers zu thematisieren.

Gesprächsauswertung und Nachbereitung

Wichtiger als das Gespräch selbst ist häufig die gründliche Auswertung und Nachbereitung des Gespräches. Erst in dieser Phase können Informationen richtig bewertet und damit als Entscheidungsgrundlage verwendet werden. Nehmen Sie sich deshalb ausreichend Zeit, um im Anschluss an ein Vorstellungsgespräch diese Auswertung vorzunehmen. Wenn Sie hintereinander ohne Pause mehrere Gespräche führen, werden Sie im Anschluss wichtige Details nicht mehr rekapitulieren können.

10.1 Analyse des Gespräches

Die Analyse eines Bewerbergespräches sollte möglichst unmittelbar im Anschluss an dieses erfolgen. Hierzu gehört zunächst die eigenen Notizen nochmals durchzugehen, unklare Formulierungen zu konkretisieren und die Zuordnung bestimmter Antworten zu einzelnen Kriterien vorzunehmen. Ist der Bewerber auf alle gestellten Fragen eingegangen? Konnten für die wesentlichen Anforderungskriterien fundierte Informationen gewonnen werden? Wo gibt es noch weiße Flecken?

Halten Sie ferner den Gesamteindruck, den der Kandidat auf Sie gemacht hat, schriftlich fest. Hierzu zählt auch das bereits einmal angesprochene „Bauchgefühl", das der Bewerber bei Ihnen hinterlassen hat.

In der Regel werden mehrere Bewerber zur Auswahl stehen. Deshalb ist es sinnvoll, relevante Kriterien für jeden Bewerber zu bewerten, um so eine Vergleichsbasis für die spätere Auswahlentscheidung zu schaffen.

In Abb. 10.1. haben wir ein Beispiel für einen Auswertebogen dargestellt.

© Springer Fachmedien Wiesbaden GmbH, ein Teil von Springer Nature 2020
D. Brenner, *Bewerberinterviews sicher und zielgerichtet führen*, essentials,
https://doi.org/10.1007/978-3-658-31088-2_10

Auswertebogen Einstellinterview (Beispiel)

Kandidatin Andrea Mustermann   **Gespräch am 28.3**

Wesentliche Anforderungskriterien	Bewertung				
	++	+	+/-	-	--
Muss-Anforderung 1 **Berufserfahrung** 5 Jahre Erfahrung in technischen Unternehmen im Vertriebsinnendienst	x				
Muss-Anforderung 2 **Englischkenntnisse** Sehr gut, spricht fließend Englisch Fallstudie gut auf Englisch bearbeitet	x				
Muss-Anforderung 3 **Bereitschaft bis 19 Uhr zu arbeiten** ja, arbeitet lieber abends, entspricht mehr ihrem Lebensrhythmus, Beispiel Urlaub, bisher jedoch im Beruf noch nicht gefordert gewesen		x			
Kann-Anforderung **Branchenerfahrung** Zwar auch technisches Umfeld, aber nicht in der Branche „technisches Denken" vorhanden, Beispiel: Platine			x		
Kann-Anforderung **SAP Erfahrung** SAP ERP 6.0, keine ABAP- Kenntnisse vorhanden		x			
Kann-Anforderung **Erfahrung im Telefonmarketing** nein, nur Kundenbetreuung nicht Neukundengewinnung				x	

Fallstudie: Zeigt sehr gute fachliche Kenntnisse, Lösungsweg in sich logisch und effizient.
Kundenorientierung sehr gut ausgeprägt. Denkt mit und kann andere überzeugen.

Defizite: Fängt bei Telefonmarketing am Stande O an.

Gehaltsvorstellung: € 3900.- bei 37 Stundenwoche + Übernahme Umzugskosten

Frühester Eintrittstermin: 01.07.
Gesamteindruck: Weiß sich zu behaupten. Wirkt sehr engagiert und hat viele Ideen. Sympathisches
Auftreten. Insgesamt sehr guter Eindruck. Umzug sei kein Problem. Telefonmarketingschulung wäre
notwendig.

Vereinbartes weiteres Vorgehen: Kandidatin meldet sich bis übermorgen, ob sie an dem Job
interessiert ist, unsere Entscheidung erfolgt innerhalb 5 Tagen

28.3. Beurteiler: Franz Müller

Abb. 10.1 Auswertebogen Bewerberinterview (Beispiel)

10.2 Vergleich der unterschiedlichen Bewerber

Auf der Grundlage eines Auswertebogens für jeden Bewerber lässt sich der Vergleich mehrerer Bewerber wesentlich einfacher durchführen. Anhand der relevanten Auswahlkriterien kann eine Rangskala der Bewerber erfolgen. Dies ist besonders dann sinnvoll, wenn mehrere Unternehmensvertreter an dem Auswahlprozess beteiligt sind. Neben dem Auswertebogen sollten die eigenen Gesprächsnotizen in der Beurteilerkonferenz ergänzend verwendet werden. Diese helfen insbesondere getroffene Beurteilungen anhand von Beispielen sachlich zu belegen. Sicherlich wird es bei den einzelnen Kriterien unterschiedliche Einschätzungen seitens der verschiedenen Gesprächsteilnehmer geben. Diese können nicht zuletzt darauf zurückzuführen sein, dass die Gespräche teilweise getrennt geführt wurden und damit abweichende Beurteilungsgrundlagen vorliegen. Ziel der Beurteilerkonferenz sollte es sein, dass alle Beteiligten eine gemeinsam getragene Auswahlentscheidung treffen. Eine Einstellentscheidung, die gegen den massiven Widerstand eines Beurteilers dennoch getroffen wird, birgt große Risiken und Gefahren in sich. In vielen Unternehmen herrscht daher der Grundsatz, dass ein Vertragsangebot nur unterbreitet wird, wenn sowohl HR- als auch Fachbereich die Einstellentscheidung mittragen.

10.3 Subjektive Kriterien bei der Bewerberauswahl

Die Einschätzung einer Person erfolgt nur zu einem geringen Teil auf Basis rein sachlicher Kriterien, auch wenn uns dies häufig nicht bewusst ist. Auch Sympathie oder Vorurteile und nicht zuletzt die Ausstrahlung einzelner Wahrnehmungen auf das Gesamtbild beeinflussen Auswahlentscheidungen. Der fachlich versierteste Kandidat muss nicht unbedingt die beste Besetzung für die Stelle sein, wenn es ihm an sozialer Kompetenz fehlt. Sympathie oder Antipathie, die sich in den ersten Augenblicken des Vorstellungsgespräches einstellt, mag sicherlich die objektive Wahrnehmung einschränken. So wird bei Sympathie unbewusst oft die „rosarote Brille" aufgezogen, und alle Aussagen des Bewerbers werden unter einem positiven Licht gesehen. Dieser Effekt wird auch als Interviewer-Bias bezeichnet.

Versuchen Sie sich zunächst diese Einflussfaktoren bewusst zu machen, indem Sie kritisch hinterfragen, welche Wahrnehmungen Sie zu Ihrer Bewertung geführt haben. Die Forderung, subjektive Einflussfaktoren komplett auszuschließen, ist sicherlich kaum umzusetzen. Schließlich wird auch im täglichen Umgang miteinander eine gute zwischenmenschliche Beziehung eine wichtige Rolle spielen. Menschen, die „miteinander können", „auf der gleichen Wellenlinie sind" und wo die „Chemie stimmt", werden in der täglichen Zusammenarbeit auch bessere Ergebnisse erzielen, als wenn Misstrauen jegliches Teamspiel verhindert. Wenn diese Faktoren für Sie in der Auswahlentscheidung wichtig sind, sollten Sie diese auch unter dem Aspekt der Transparenz mit in die Bewertungskriterien, z. B. Kontaktfähigkeit, Authentizität oder überzeugendes, gewinnendes Auftreten, mit aufnehmen. Gerade in Vertriebspositionen spielen diese Faktoren eine wichtige Rolle.

Analysieren Sie auch, wie der potenzielle neue Mitarbeiter sich in das Abteilungsgefüge integrieren würde. Nicht nur das Verhältnis zu Ihnen als Führungskraft, sondern auch zu den Kollegen und Kunden spielt eine wichtige Rolle und ist für die Erreichung Ihrer Bereichsziele von zentraler Bedeutung. Daher ist es empfehlenswert, die Mitarbeiter in den Auswahlprozess mit zu integrieren (siehe Teamprobe in Abschn. 9.4). Und schließlich sollte sich der Bewerber auch mit den Unternehmenszielen und der Unternehmenskultur identifizieren können.

Überprüfen Sie eine auf fachlichen Argumenten begründete Einstellentscheidung auch unter diesen Aspekten. Die Erfüllung der „Hard-Facts" ist sicherlich eine notwendige Voraussetzung im Hinblick auf ein Vertragsangebot. Sie ist jedoch nicht ausreichend, um dauerhaft eine zufriedenstellende und für beide Seiten erfolgreiche Zusammenarbeit zu gewährleisten.

10.4   Absagen richtig gestalten

Wenn Sie eine Einstellentscheidung getroffen haben, sollten Sie den Kandidaten Ihrer Wahl so zügig wie möglich informieren und ein Vertragsangebot unterbreiten. Sofern in Ihrem Hause ein Betriebsrat/Personalrat vorhanden ist, bedarf es dessen formaler Zustimmung, bevor Sie verbindlich eine Zusage machen und den Vertrag versenden können. Es ist deshalb ratsam, dem Kandidaten Ihre Entscheidung mitzuteilen und diese mit dem Zusatz – vorbehaltlich der Zustimmung des Betriebsrates – zu ergänzen.

Aufgrund der Gefahr, dass der Bewerber Ihrer Wahl doch noch kurzfristig absagt, sollten Sie ein bis zwei weiteren Kandidaten, die für Sie in die engste Wahl kamen, noch keine Absage kommunizieren, bevor Sie keinen von beiden Seiten unterschriebenen Arbeitsvertrag vorliegen haben. So behalten Sie sich noch eine Alternative in der Rückhand, ohne dem „Ersatzkandidaten" das Gefühl zu geben, nur die zweite Wahl zu sein.

Wenn Sie Absagen selbst schreiben, sollten Sie dies nicht nur als notwendiges Übel ansehen. Sollte ein Bewerber auf Sie direkt zugehen und nach den Gründen der Absage fragen, versuchen Sie, möglichst ehrlich zu antworten, ohne jedoch den Bewerber persönlich zu verletzen. Allerdings gilt es, darauf zu achten, dass Sie keine Gründe nennen, die im Sinne des AGG eine Diskriminierung darstellen, da der Bewerber ansonsten Schadensersatzansprüche geltend machen kann. Auch vor diesem Hintergrund ist eine rechtlich einwandfreie Bewerberauswahl wichtig.

Grundsätzlich sollte der faire Umgang mit Bewerbern, Ihr Handeln bestimmen, da auch ein abgelehnter Kandidat in der Zukunft ein möglicher Kunde sein kann. Wie heißt es so schön: Man sieht sich im Leben immer zweimal.

Was Sie aus diesem *essential* mitnehmen können

- Bewerberinterviews sind eine zentrale Führungsaufgabe, da die Rekrutierung passgenauer Mitarbeiter für Ihren Erfolg als Führungskraft eine entscheidende Bedeutung hat.
- Alternative Interviewformen wie Telefoninterviews oder (zeitversetzte) Videointerviews eignen sich insbesondere bei der Vorauswahl von Kandidaten.
- Eine souveräne Gesprächsführung und das Beherrschen der wesentlichen Gesprächs- und Fragetechniken stellen die Grundlage für eine fundierte Auswahlentscheidung dar.
- Begegnen Sie Bewerbern auf Augenhöhe und versuchen Sie, durch ein gewinnendes Auftreten auch den Bewerber für das Unternehmen und die Aufgabe zu begeistern. Dies ist vor dem Hintergrund des in vielen Bereichen bestehenden Fachkräftemangels besonders wichtig.
- Das Stellen unzulässiger Fragen ist nicht nur unter rechtlichen Gesichtspunkten zu vermeiden, es vermittelt dem Bewerber auch einen unseriösen Eindruck.
- Eine systematische Gesprächsauswertung, bei der sowohl „Hard Facts" wie auch „Soft Facts" berücksichtigt werden, bildet eine solide Basis für die Auswahlentscheidung.

© Springer Fachmedien Wiesbaden GmbH, ein Teil von Springer Nature 2020
D. Brenner, *Bewerberinterviews sicher und zielgerichtet führen,* essentials,
https://doi.org/10.1007/978-3-658-31088-2

Printed in the United States
By Bookmasters